HISTORIAS DE UNA FERRETERA EMPODERÁ

Encarni Reyes Moriana

HISTORIAS DE UNA FERRETERA EMPODERÁ

·EDICIONES·PÁNGEA·

Primera edición: febrero de 2024

Del texto: © Encarni Reyes Moriana

Fotografías de cubierta: Encarni Reyes Moriana

De esta edición: © Ediciones Pangea, 2024
41720 Los Palacios y Villafranca, Sevilla
www.edicionespangea.com

Edición al cuidado de José Peña Fierro
Composición de cubierta: Marta Díaz (martadiaz.design)

ISBN: 978-84-127361-2-0
Depósito Legal: SE 624-2024
Impresión: Ulzama Digital
Impreso en España / *Printed in Spain*

A mi desvelo de medianoche,
a la llamada de la vida.
A mi gran amor.
Y a toda la gente que habita en mí
y me enseñó a aspirar a ser feliz.

PRÓLOGO

Rosalinda Galán

—Se abre el telón.

Encarni entra en escena. Se quita las mallas, la faja, la capa, el escudo y el antifaz. Los deja suavemente sobre una estantería. Se recoge el pelo en una cola informal y apoya sus codos sobre el mostrador de una ferretería. Nos mira. Nos mira con la urgencia de quien tiene algo importante que contarnos. Pero espera. Abandona la urgencia y se detiene en la observación. Su mirada es amable, cercana, cariñosa y certera.

Nos dejamos atrapar en ella y admiramos cómo el silencio abraza al tiempo en una comunión mágica y palpable.

Encarni rompe el silencio y dice:

«Nuestras historias no pueden comenzar sin contar otras».

—Se cierra el telón.

Entonces se abre un libro. Ese libro es este libro. Un conjunto de páginas por las que desfilan las mujeres de un pueblo, de varias generaciones, de futuros inciertos y deberes asignados en base al género con el que han nacido.

Ferretería Encarnita podría lucir una de esas placas de reconocimiento en la fachada que dijese algo así como: «Desde 1983 acogiendo a mujeres invisibles que compran productos invisibles para realizar tareas invisibles».

Encarni crece entre latas de pintura, tornillos y *tuppers* de última generación. Le crecen los brazos y las piernas. Le crecen el tronco y las orejas, el pelo, las manos y los pies. Le crecen los pechos y las preguntas. Y mientras todo crece, ella atiende a las clientas, ayuda en la crianza de su hermana, se desenvuelve en la preparación de potajes diarios, estudia una carrera, un máster y otro máster y ya no le crecen más las piernas ni los brazos ni el tronco ni las orejas, pero sí las preguntas.

Encarni reconoce que el feminismo la ha salvado. Como a todas nosotras, evidentemente.

Pero a Encarni, particularmente, la ha ayudado el tejer una red de conexiones entre la teoría y lo cotidiano. Entre Simone de Beauvoir y una vecina del *Plaíllo*. Un entramado complicado y resistente que ejerce de cable entre las teorías feministas y el día a día de tantas mujeres cuya dinámica laboral diaria no es reconocida por nadie. Ni siquiera por ellas mismas. Unas mujeres que asienten, aceptan, tragan saliva y siguen adelante asimilando que su género define absolutamente el camino que deben seguir. Aunque ese camino las ponga en el último lugar de la fila. Porque así es el trabajo de las madres, hijas y abuelas: agotador, indispensable e invisible.

Pienso en Lorca, en esa forma suya de acercarse a la realidad de las mujeres, de escribir sobre nosotras con una plenitud poética y una lealtad social inigualable.

Pienso en Lorca, porque creo que si él hubiese conocido a esta generación de mujeres ferreteras cuyo negocio acoge y apoya a otras mujeres que son amas (y esclavas) de sus casas, que manejan toda la responsabilidad logística y de manutención bajo una especie de manto de invisibilidad más propio de Harry Potter, habría escrito sobre ellas.

Lorca supo bien reivindicar ese falso matriarcado subordinado a la presencia del hombre en *La Casa de Bernarda Alba* y supo también manifestar ese grito ahogado que tienen todas las mujeres en sus casas cuando escribía esta frase para *Yerma:*

«Hay cosas encerradas detrás de los muros que no pueden cambiar porque nadie las oye.

Pero que, si salieran de pronto y gritaran, llenarían el mundo».

En la ferretería de Encarnita los muros apenas se desvanecen algunas veces, cuando alguna de las asiduas se permite un breve desahogo. Un medio aspaviento en forma de grito que bien podría prender fuego a todo. Pero no lo hace.

Las clientas de la ferretería envejecen y dejan de acudir con tanta asiduidad, los maridos envejecen y aparecen por primera vez, ya jubilados y en una especie de transición hacia la toma de conciencia sobre el trabajo ilimitado que llevan realizando sus mujeres toda la vida.

Aprenden a comprar amoníaco, se enteran de que la casa se blanquea cada dos años, se sorprenden al conocer la cantidad de trabajo que genera mantener una casa en condiciones habitables y (algunos) deciden colaborar.

La ferretería como espacio común e íntimo. Personal y colectivo. Un hueco por donde se escapan las risas, las penas, el amor y el cansancio.

Encarni nos invita a mirar de verdad, con perspectiva de género, nos invita a observar nuestro entorno y a hacernos una pregunta en mayúsculas:

¿QUIÉN CUIDA A QUIEN CUIDA?

Rosalinda Galán es actriz, cantaora, compositora, creadora, feminista y, sobre todo, comadre andaluza.

PRÓLOGO

TERESA TERRÓN-CARO

[...] me gustaría pedirles que escriban todo tipo de libros, sin vacilar en ningún tema por trivial o enorme que sea. De la forma que sea, espero que lleguen a tener el suficiente dinero para viajar y tener tiempo de ocio, para contemplar el futuro o el pasado del mundo, soñar con libros y dar vueltas por la calle dejando que el pensamiento se hunda en la corriente. Porque de ninguna manera las estoy confiando a la ficción. Me harán muy feliz —y a otras miles de personas— si escriben libros de viajes y aventuras, investigación y erudición, historia y biografía, crítica, filosofía y ciencia. [...] que ustedes escriban será algo invaluable.
WOOLF, 2022, pp.174-175[1]

No podría comenzar estas líneas sin citar, sin recordar, a Virginia Woolf. Especialmente al encontrarnos ante una obra feminista, reivindicativa, liberadora y colectiva que da respuesta a la tarea que nos proponía como mujeres: «escriban de lo que sea, pero escriban» (Woolf, 2022, p.18). *Historias de una ferretera empoderá* es un libro que pone nuestra cotidianidad y a las personas en el centro, y lo hace desde la reflexión, el compromiso,

---

1 Virginia Woolf (2022). *Un cuarto propio* (Celia Pavón, Trad.). Fera. (Obra original publicada en 1929).

el activismo y el poder mágico de la palabra de quien escribe, de nuestra querida Encarni.

Es un libro clave para entendernos, para comprender el día a día, nuestras formas de vida, la importancia del cuidado y la toma de determinadas decisiones. Nos ayuda a adquirir conciencia de la complejidad que las caracteriza, del patriarcado como estructura social que persiste a todos los niveles en nuestro entorno y que impregna nuestras acciones, ya sean intencionales o no; analizándolos, pero, al mismo tiempo, visibilizando la agencia femenina y el empoderamiento como elementos de transformación de las estructuras y prácticas sociales.

Todo ello la autora lo hace con naturalidad y cercanía. Tanto que, al leer las historias de vida que nos presenta, puedo decir que he viajado a Los Palacios y Villafranca; he podido recorrer los pasillos de ese lugar tan especial para todas las personas que en él han crecido y que las han ayudado a ser quienes son. Incluso he sentido el olor a comida; he imaginado las voces de las personas que protagonizan las historias reflejadas en el libro y que nos representan; he llegado a escuchar los consejos sobre qué receta cocinar, qué olor es el más apropiado para mi hogar, y he llorado de emoción al empatizar con sus realidades, con las barreras existentes y aquellas que han ayudado a derribar sin, en muchos casos, ser conscientes. Me he identificado con muchos de sus sentimientos, con esas jornadas intensas e indefinidas de trabajos invisibilizados para conciliar y/o cuidar a quien(es) tenemos a nuestro lado, con esa soledad que a veces sentimos a pesar de estar acompañadas. Aunque, también, con ese *baile* de risas cómplices, carcajadas y llantos que nos hacen sentir felices.

Pero ¿cuál es el poder de este libro? Me gustaría destacar dos aportaciones principalmente:

Por un lado, evidencia la importancia de educarnos en la necesidad de repensarnos en sociedad, bajo la premisa del derecho de igualdad de género entre mujeres y hombres. A lo largo de sus páginas podemos comprender la complejidad de nuestros tiempos, los constantes retos sociales y transformaciones que a distintos niveles hemos y estamos protagonizando y requieren de respuestas éticas, sostenibles y justas. Desde otra forma de hacer más femenina, más colectiva.

Y, por otro lado, teniendo en cuenta el momento actual que vivimos a nivel político y social, Encarni nos ayuda, con el poder de su escritura, a plantearnos la necesidad de valorar nuestra cultura y la libertad de poder expresarnos en nuestra sociedad. El derecho y el compromiso que supone compartir saberes para nuestras generaciones y las venideras; que nos hacen ser conscientes del enriquecimiento de nuestro entorno, de la riqueza de las personas con las que nos cruzamos, con las que compartimos nuestra vida y de las que aprendemos a ser quienes somos y/o quienes aspiramos a llegar a ser desde un empoderamiento como proceso colectivo.

Es un camino que necesitamos transitar colectivamente.

TERESA TERRÓN-CARO es profesora e investigadora
de la Universidad Pablo de Olavide

DECLARACIÓN DE INTENCIONES

Llevo más de tres años queriendo escribir este libro. Desde entonces, he ido apuntando numerosas ideas en papeles que después no siempre encuentro. He llegado a pensar que para qué guardarlas. ¡Si se están fabricando otras nuevas ideas con mis historias! Historias de vidas que me atraviesan e inspiran durante una larga jornada de trabajo en la ferretería Encarnita.

Voy fluyendo con emoción en este empeño por volcar todas mis reflexiones, esas que han surgido tras los diferentes relatos de la gente y que yo he ido coleccionando casi desde mis primeros pasos. Aquí, en la ferretería familiar.

Soy consciente de que también me tocará hablar de mi propia historia. O, mejor dicho, de nuestras historias. Será difícil, pero prometo expresarme con la transparencia más absoluta. Y con el debido respeto a la memoria de mis sentimientos.

Resaltaré todas esas sensaciones que van brotando desde dentro de mi alma mientras rescato y siento las vivencias compartidas en estos años. Ahora que lo pienso, ¡cuántos momentitos hemos vivido juntas desde mi infancia! Y cómo van salpicándome en este instante con tanta añoranza.

A veces, no sé si soy yo la que escribe o es esta ferretería quien habla por mí. Al fin y al cabo, es ella la que más vivencias alberga de todas nosotras. ¡Hasta las propias historias de quienes latimos dentro! Por eso, como yo, esta ferretería quiere contarte todo lo acontecido en ella desde su origen. ¡Hace ya más de cuarenta años!

Te contaré que este lugar singular, lleno de tornillos y herramientas, es una gran empresa familiar. Pero no solo eso. También es un hogar. Tiene la peculiaridad de ser un espacio de trabajo y, al mismo tiempo, es la casa de una gran familia. No es de extrañar que en este mismo espacio laboral se compartan los trabajos de cuidados con el trabajo remunerado. Así lo sufrimos en carne propia estas ferreteras, quienes convivimos con el deber asignado de cuidar la casa y a los nuestros mientras despachamos y escuchamos a la gente desde el mostrador.

Esa gente que, desde sus vivencias y quehaceres cotidianos, cultivaron mi amor propio y autoestima. También alimentaron mi pensamiento crítico. Y hasta me ayudaron a comprender lo duro que es asumir desde que nacemos un papel determinado en la vida. Como si nuestra vida empezara a escribirse antes de nacer, sin permitirnos elegir ni asumir una conciencia libre sobre qué papel queremos representar en la sociedad. Por todo ello, a través de lo cotidiano, se refleja el sistema patriarcal y capitalista por el que se organizan las diferentes sociedades en un mundo que se ha escrito siempre en masculino y nos ha invisibilizado a una parte de la sociedad. Por eso también es importante desvelar cómo se ha desarrollado el conjunto de creencias, actitudes y conductas que recrean el poder y nos sitúa en distintas posiciones. Especialmente, en base al sexo con el que nacemos.

De ahí mi deseo por impulsar una reivindicativa igualdad para todas. Y para todos. Esa igualdad que, casi sin darme cuenta, hemos planteado juntas de cara a esas diferencias. Desde un espacio seguro y gracias a sus reflexiones, hemos compartido algunos planteamientos sobre cómo derrumbar los cimientos de este sistema opresor que nos atrapa a todas y nos condena a cualquiera.

Si bien todo esto me sigue pareciendo una osadía temeraria. ¡Cómo negarlo! Aunque es cierto que ya el miedo no vive en mí. Ahora me siento libre y decidida, como las mariposas. He sufrido una gran metamorfosis con la que pude fabricarme unas alas enormes para volar. Y hasta liberé mi garganta para expresar cuánto me han aportado estas experiencias de vida.

¡Qué manera más revolucionaria encontré al escribir este libro! Sin condicionantes. Sin miedos. Porque gracias a esta obra también puedo divulgar el conocimiento académico. Tras muchos años estudiando en la universidad y de haberme especializado en el ámbito de la igualdad, no encontré mejor forma para practicar y comprender la teoría que esta emblemática ferretería; desde donde te escribo y te haré partícipe de la gran transformación de mi/nuestras vida/s.

PARA CONTINUAR

PRIMEROS PASOS
POR LA FERRETERÍA ENCARNITA

La nostalgia y el peso de los primeros días por la ferretería Encarnita recaen en mí como una maldita bendición... Desde que llegué al mundo, este espacio se convirtió en mi escuela y en mi sitio de cuidados. Siento que tuve una gran suerte al criarme con mi madre y mis abuelos a tiempo completo en este lugar. Supongo que es lógico entender este sitio como mi casa y no como el trabajo que se ha transmitido generacionalmente. Digamos que es el mundo donde me ha gustado vivir. Y es el mundo que a veces habito.

Crecí cantando en el mostrador *cuantinario* del negocio. Mi abuelo Manolo me abrazaba con cariño mientras me ayudaba a subir a mi escenario particular con el cabo naranja de un martillo en mi mano. Ese escenario que creábamos juntos en el mismísimo mostrador. El martillo simulaba el micrófono con el que alzaría por primera vez la voz. En aquel momento, lo hacía para cantar el popurrí de coplas por Francisco Alegre o María de la O que me enseñó mi madre allí mismo mientras trabajaba. Menciono ese instante porque posiblemente fue mi primera vez con una herramienta; solo tendría tres años.

Ese martillo del cabo naranja sigue aquí. No impoluto, pero sí útil. A las órdenes del equipo del negocio y hasta para la propia vecindad.

Al observar esa herramienta en el cajón, puedo sentir de nuevo la vista de mi abuelo Manolo sobre mí. Desde aquella esquinita del mostrador. Con esos ojos que él tenía, tan prudentes y atentos. Llenos de un amor que todavía me acompaña, aunque sea sin su presencia física.

Ese mostrador también respaldó mis primeras entrevistas; por eso quizá haya aún gente que siga preguntándome cómo me va en el periodismo... Hasta mi abuela Encarnita. Mientras que lo que acabé haciendo fue Ciencias Políticas, y de eso hace ya más de cinco años.

Gran parte de la clientela, y hasta nuestros comerciales de toda la vida, me recuerdan por desarrollar una vocación por las preguntas. Como si viviera en mí el don por conocer todo el tiempo sobre la otra persona, planteando desde antaño preguntas sobre las que reflexionar y generar conciencia.

Esas respuestas las conservaba hasta un próximo reencuentro —todavía ahora—, como parte de mi colección de historias empoderantes. Quizá porque ya almacenaba conscientemente aquellas cuestiones que eran importantes para quienes están al otro lado del mostrador. Y, sobre todo, si las cuestiones se relacionan con preguntas atípicas como «¿qué tal estás?», «¿qué sientes?» o «¿te puedo ayudar?». Como para no sentir que todo lo que he vivido aquí me da el derecho a escribir sobre ello y recordarlo siempre.

UNA FERRETERÍA CON VOZ PROPIA

Desde la profunda admiración que siento por este negocio familiar, guardián de historias, también percibo una
mirada vulnerable. Justo ahora, cuando todo parece tan
diferentemente igual. A pesar de los cambios implemen-
tados en la última década, hay cosas que continuarán su
viaje hacia la eternidad. Y sé que se siente feliz con esos
detalles inquebrantables.

La ferretería, en todo su esplendor, puede definirse
con aquellas palabras que se sienten de verdad al nom-
brarlas, como «acogedora, hogareña y reconfortante».
«Esos atributos siguen llenando mi alma con plenitud»,
suele chivarme alguna vez. «Eso mismo suele ocurrirme
a mí», le respondo. Sobre todo, cuando apunto la vista a
esa silla del colegio que colocaron delante del mostrador
y que me pide que no mude de sitio.

Al principio pensé que era para la gente más mayor o
para quienes necesitaran sentarse por cualquier motivo.
Luego pudimos darnos cuenta de que era un buen lugar
para que cualquiera tomara asiento, reposara sus emociones y cogiera un buen impulso al levantarse. Es una

silla obsoleta, pero ahí sigue, servible para amamantar, llorar, gritar y descansar.

Lo que sí es una novedad de los últimos doce años es el búcaro de agua fresquita. Ese búcaro de barro vive desde marzo a septiembre por una esquina del mostrador, dando de beber a miles de personas. Para que nunca olvidemos su sitio, la ferre ha creado una especie de erupciones en el piquito del mostrador, donde siempre hallamos su lugar.

Desde diciembre, se incorporan en ese mismo sitio los mantecados. Aparecen amontonados en una amplia bandeja... Y de enero a marzo, encendemos la estufa en la mesa que está en el interior. «Mucho mejor», me recuerda la ferre.

Su mesita camilla aparece en los inviernos pidiendo clemencia. Puedes calentar hasta tu corazón, allí tras el mostrador, acurrucándote en sus enaguas. Esa mesita redonda complementaría el hogar que habitamos las dos: la ferre y yo.

De otro lado, su suelo fresquito ha servido para las mejores fiestas de pijama junto a la abuela y los primos. Unos buenos pocos colchones aparecían de repente delante del mostrador en las noches de verano. «¡Esas sí que fueron auténticas fiestas de pijamas!», se empeña en recordarme, ahora.

A veces me trae a la cabeza el sonido de la risa de mi infancia. Esas de las que duele hasta el aliento... y ella sigue guardando por el pasillito de en medio. Entonces pienso: «¡Hay que ver esta ferretería! Siempre de fondo en mi vida».

Por eso me insiste en que no olvide cómo me acompañó tantos años como un espacio de recreo, convirtiéndose hasta en mi sala de estudios o en lugar de encuentros... Ella es la que guarda todos mis secretos.

Por tener, tiene de todo. Hasta una ducha que se encuentra en un patio chiquitito que da a su trastienda. Y justo al lado, hay una cocina desde donde salen los platos más calentitos y más ricos fabricados por la abuela, por mi madre o por mí misma. He perdido la cuenta de todos los platos que caté antes de irme a la universidad u otros trabajos que compaginé con la ferretería.

Este lugar guarda todos esos abrazos que han marcado mi vida. También suele actuar como espacio de terapia y, otras veces, es un sitio de amargura. Es una simbiosis de alegría y frustraciones. Me recuerda a mi libertad condicional. Pero es la propia fuente de inspiración para mis historias. Y, sobre todo, aquí he visto lo simple convertirse en imprescindible. «Esa es mi esencia», me repite siempre.

Por otro lado, respecto a la vista, se pueden contemplar diversos estantes oxidados por el paso del tiempo, capaces de soportar más peso ahora que en el pasado. Otras estanterías han podido cambiarse por unas nuevas más industriales y resistentes. Algunas baldas tienen tanto valor sentimental como la licencia de la abuela colgada en la pared o ese reloj que canta las horas en silencio, por aquel otro rinconcito. De ahí que no nos hayamos planteado ni cambiarlas. Para qué ocultar a los ojos el paso del tiempo.

La distribución del interior ha cambiado a ratos... para facilitarnos la tarea. Aun con todo, nunca se sabe cómo mejorar cada cosa y poner orden a tanta diversidad. Muchos de esos objetos siguen reclamando su sitio, porque no todos lo tienen. «Como tú misma», me manifiesta. «Por eso son ellos quienes eligen por dónde quedarse. Por purita costumbre», insiste.

Suele decirme también que ya debo de ser una experta en la materia. Da por hecho que los años que he pasado aquí me han pulido como un diamante en bruto. La «Messi de la ferretería», repite alguna gente. Entonces, me rebelo y le digo que soy más la Virginia Woolf del Pradillo, el barrio que compartimos. Desde entonces, me ha concedido el pasillo de en medio para construir un cuarto propio. Y he creado un novedoso pacto por la igualdad, que, según me cuenta, he logrado propagar más allá de la ferretería. Desde su umbral, al mundo.

HISTORIAS PARA DESCUBRIR

Recuerdo que convertirme en espectadora de las historias de la gente era mi momento favorito de estar en la ferretería. Desde mi infancia, pude conectar con las miserias y las virtudes que, como una misma, cualquiera tiene. Me resultaban asombrosas sus variopintas situaciones, y cómo, fácilmente, las exponían en el negocio con plena confianza. A veces, llegaba a pensar si venían a comprar o si, por el contrario, esto era un sitio de paso donde hablar de sus vidas y practicar el desahogo. Desde entonces, no dudé que todas esas vivencias me envolverían para siempre.

Me pregunté numerosas veces si muchas de ellas solo acudían por eso de necesitar sentirse escuchadas. Casi sin darme cuenta, me fui implicando con sosiego en sus «problemas» para tratar de dar consuelo. Con la palabra o con un abrazo. Nunca me lo pensé. Escuchar sus historias fue la forma de empezar a abrir melones cuyas caladas siempre impregnaron nuestras reflexiones. Esas que os voy a contar en breve.

También me he preguntado quién sabrá más de quién... Qué campo de visión permitirá mejor saber cómo somos. Si un lado u otro de este amplio mostrador de madera, delimitado todavía con chinchetas.

Aunque muchas personas se han dado cuenta de que mi vida aquí dentro latía con fuerza, nunca han imaginado mi verdadero afán por huir. Ni cómo he ido construyendo un pensamiento crítico con perspectiva de género mediante sus vivencias y reflexiones. A partir de todas ellas, pude plantearme la lógica de ciertas normas o pautas con las que hemos crecido sin haberlas cuestionado o repensado bien del todo. En especial, esos roles y estereotipos que hemos asumido culturalmente y que han condicionado de manera inquebrantable nuestro comportamiento, valores y normas asignadas; condenándonos a convivir en una desigualdad constante y asignándonos un papel sobre el que nadie nos preguntó si queríamos asumir de verdad. Incluso el de las propias ferreteras.

Pero nuestras historias no pueden comenzar aún sin haber contado antes otras…

Es el gran momento de sus historias. Esas historias que forman parte de la vida del negocio, dándose cita en una intensa jornada de tertulias y debates, más allá de tornillos o bricolajes. Y que nos pertenecen sin ser nuestras.

Ya habrás intuido que venir solo a comprar no es lo normal, sino que se produce un intercambio de historias que merecen tener voz desde este instante. Por esa razón ahora quiero pedirte que guardes para siempre estos testimonios de vida tan cotidianos. Quizá te sirvan para tomar conciencia y desear cambiar tu propio mundo. He de decir que no he conocido mejor espejo de la vida que este espacio de trabajo, consagrado como una escuela de vida muy potente para repensar(nos) como individuos y como sociedad, para aprender incluso a ser mejor persona y a comprometerse con el prójimo. Y hasta para desear una igualdad real.

Ojalá estas historias sirvan para despertarte y salvarte. Las páginas de los libros son como un viaje hacia alguna vivencia con la que sentirnos identificadas. Por eso no dejes de sentir todo lo que te cuento. Ponte mis gafas. O mis zapatos. Adelante...

LOS *TUPPERS* DE MI NIÑO

Una de las frases más escuchadas en nuestro día a día es una pregunta que tenemos casi todas en nuestra cabeza. Así me lo parece tras tantos años en el mostrador y ahora padeciéndolo en carne propia...

Desde mi experiencia, puedo confirmar que se trata de esa constante que carga la mente como una virtud incrustada. Y en cada una de nosotras se posa noche y día. Cuando se trata de pensar «qué comemos mañana» o «qué hago de *comé*».

Probablemente, el alimento siempre haya sido cosa nuestra a la hora de fabricarlo, prepararlo o servirlo. Por eso aquí cada día llegan ellas con esa eterna pregunta. Como si en la ferre emergiera la inspiración para el nuevo menú del día.

Ahora que lo menciono, en nuestra ferretería, durante más de treinta años ininterrumpidos, mi abuela preparó con mucho cariño todas las comidas mientras trabajaba. La abuela Encarnita fue pionera al dedicar cada día gran parte de su tiempo a fabricar nuestro alimento, mientras despachaba. Compartía la jornada de trabajo con la cocina, y así nos lo transmitió como parte de una tarea que nos pertenecía a nosotras también. Leo de principio a fin este párrafo y recuerdo un ritual precioso que no cesa en el negocio todavía. Y lo más llamativo de todo sigue siendo el fondo del asunto, pues hasta hace muy poco no me había planteado por qué a ella y también a nosotras nos pertenece hoy esa labor culinaria.

Esa labor corresponde al trabajo de cuidados que tradicionalmente ha sido asignado y definido como un trabajo de mujeres. El «deber ser» del concepto de cuidado ha insinuado durante siglos que la entrega altruista de las mujeres a la gestión del hogar y a la familia es una disposición natural de las mujeres. Al igual que otras tareas propias del rol tradicional femenino, el trabajo de cuidados se ha situado en la esfera privada de nuestras casas y nuestra familia, así como en el ámbito de la responsabilidad moral. Nunca se ha categorizado como un trabajo remunerado y pocas veces se lo ha tenido en consideración como «trabajo».

A mí me gusta proponer menús cuando me lo piden, porque he conservado tantos papelitos de dietas irrealizables que sé a la perfección combinar miles de platos casi sin pensarlo. Y también porque los fabrico casi a diario, en esa especie de comuna que hemos creado entre la abuela, mi madre y yo, con la implicación, alguna vez que otra, de mi hermana o mi padre. ¡Menos mal!

Pero lo más llamativo del día a día es la llegada de esa cliente que se pasa por la ferre en una marcada rutina. Como si lo hiciera por todas. A la misma hora y desde el mismo sitio, llega para hacer la infinita pregunta. Aprovecha también para hablar de sus quehaceres; necesita sentirse valorada por esos cuidados que ha ejercido toda una vida como parte de su jornada laboral, sirviendo de ejemplo de todas esas otras mujeres cuidadoras impecables y que no parecen haber invertido ni un segundo de su tiempo a otra cosa. A otra cosa que no sea cuidar, claro.

Ella nunca se mueve de casa porque ha ido aprendiendo que nada se le da mejor que trabajar en el hogar y permanecer perenne en él.

Ha criado a diferentes generaciones y ha limpiado hasta las casas de la familia. Como la que no sabe de otra cosa. Como la que asume que eso es lo que le ha tocado vivir.

Me da rabia, entonces, cómo hay quienes se atreven a decir que ella nunca ha trabajado, que solo echó una *temporá* muy corta en el campo. Porque luego se casó y ya lo único que ha hecho es pasearse con su carro de la compra. Ese que a veces la anima para que le roce el aire un rato. Y no todos los días.

Mucha gente olvida y pasa de largo que ella siempre se levanta la primera, para preparar los *tupper*s de toda su gente y para cuidar de sus nietos. Antes de llevarlos al colegio, ha adelantado gran parte del trabajo. Luego sigue con la casa. Y así en una dinámica bien tediosa hasta que el marido llega de su trabajo bien remunerado. Encima, dice que lo debe esperar con su cerveza bien fresquita en la mesa. Como si, en vez de una ama de casa, también fuera una criada o una esclava.

Me pregunto si alguien ha pensado como yo en la cantidad de trabajo que ella acumula en una jornada que no parece tener fin, llegando a empalmar de lunes a lunes. Sin descanso ni vacaciones. Ni entiende de pagas. Ni dobles.

Cuando la tengo frente a mí y le doy ese par de *tuppers* que siempre compra, me planteo cómo ha sido capaz de llevar toda su vida dedicada al arte de cuidar. Ofreciendo, además, su amor incondicional y de una forma altruista. Sin rechistar. Pienso en su vida todo el tiempo. A veces con lamento, otras con admiración. Me da rabia que no haya podido elegir qué le gustaría haber sido. Me apena que no tenga ni un minuto de gloria en su jornada de cuidados. Esa jornada que transcurre diariamente sin cobrar siquiera la comisión de un gracias o un te quiero bien grande. Y encima, ella es quien me consulta qué podría cocinar. Como si hubiera perdido la costumbre de fabricar la comida, como si, por un momento, sirviera la pregunta para formular una queja, porque ya está cansada de que siempre le toque imaginarlo en su cabeza.

Ella siempre habla de cómo ha cuidado de generaciones distintas. Padre, madre, tíos, tías, abuelos, abuelas, hijos y nietos. Sí, hablo muy en masculino, porque en su familia hay muchos hombres. Y a todos le tocó cuidarlos.

Tanto sabe de cuidar que es la única en percibir cuándo más la necesito y si estoy en un apuro. Entonces, ella me saca un *tupper* con pucherito.

Ella nos cuida a todas. Porque, cuando va a por el pan, sale a la farmacia o es el día del *pescao*, nos pregunta si necesitamos algo de la calle. Siempre le pilla de paso y quiere alentarnos con esos favores, ahorrándonos una carga más con la que lidiar durante nuestras jornadas en el negocio.

Ella es servicial, un ser de luz, una mujer de su casa. Sin embargo, bajo esas premisas se justifica nuestro deber de cuidar. Cómo no. Porque supuestamente es lo que mejor se nos da. Pero... ¿acaso alguien se ha preguntado qué desearían tantas otras como ella? ¿Qué profesión habrían elegido de haber tenido esa opción? ¿Se habrían casado otra vez para dejar de trabajar? Preguntas y más preguntas con las mismas respuestas.

A veces, me atrevo a lanzar varias cuestiones con las que reflexionamos juntas. Intercambiamos experiencias y compartimos opiniones. Aunque nos llevamos más de treinta años y hay una brecha generacional enorme, ella me comprende y no me juzga. En ocasiones, he sentido su desahogo y, aunque haya sido por poco tiempo, he logrado que se plantee algunas cosas, invitándola a soñar, unos minutos, con aquello que desea de verdad. O un poco de permiso para soltar lo que lleva dentro.

No lo dudamos ninguna de las dos. O yo sí. Cuando lo hablamos, al final concluimos que el arte del cuidado es lo que mejor se le da. Ella llega a sentirse gratificada, manifestando que en cierto modo se siente satisfecha con su labor. «Al fin y al cabo», asume con hartazgo, «es la vida que me ha tocado». Porque, en realidad, no elegimos con libertad plena, casi siempre nos sentimos condicionadas por las circunstancias.

Ella creció con una vida preparada —como otras tantas que entran en la ferre—, en la que la máxima aspiración era el casamiento y tener sus niños. Ella soñó con dejar el trabajo y cuidar su casa, sus niños y a su marido. Porque así lo hicieron antes su madre, su tía y su abuela.

Todas comenzaban igual: desde la infancia, ya sabían lo que era trabajar gratis o por dos pesetas para comer, y cuando empezaban a cobrar ya más grandecitas, se lo daban a las madres para que juntaran su *ajuá*. Y fijaos que la inmensa mayoría me confirman que, con el matrimonio, llegaba una nueva vida. En este caso, ella nunca se planteó si fue justo o injusto, si mejor haber estudiado o elegido otro trabajo. No tuvo mis oportunidades, pero está convencida de que ha vivido la vida con cierta plenitud, aunque cada vez más le pesa cuidar y más de lo que desearía se cuestiona el porqué. Su historia de vida es vibrante y merece visibilidad.

Todos los días pregunta qué toca hoy, y hablamos de ese ritual que nos ha pertenecido siempre y del que sí coincidimos ambas en que las generaciones venideras deberían librarse.

Ahora, pensando en mí misma y en los roles de género que nos han sido impuestos, reflexiono acerca de cómo eso no se aprecia en los puestos de cocina de reconocimiento y prestigio que existen en el mundo.

Aunque tú, como yo, eres consciente de que la comida está fabricada en general por nosotras, todavía en la actualidad, y como confirma un informe de la ONU, menos del cuatro por ciento de los chefs con tres estrellas Michelin son mujeres. Pero, por suerte, cada vez somos más conscientes de esas desigualdades y hablamos sin tabúes de la situación; fomentando incluso que las próximas generaciones tengan la misma participación en las tareas de casa, incluida la carga culinaria.

DOS AMONIACOS, POR FAVOR

Él siempre viene exactamente cuando están de limpieza profunda en casa y han agotado los botes de amoniaco perfumado que se lleva de par en par con esos rollos de servilletas que nunca caben en las bolsas que trae consigo. Siempre viene compartiendo la situación del día que se presenta. Augura que su compañera y él tendrán un día muy ajetreado por delante. Es curioso. Tanto como cuando me habla de su «compañera». Me parece tan acertado llamar así a con quien se ha casado... Él sabe mejor que otras personas que compartir la vida es un viaje sin cadenas. Es de los que pueden presumir de un amor compañero, entendiendo que quien elegimos para compartir el viaje es un complemento y no una propiedad privada.

Siempre me cuenta cómo aprovechan la jornada de limpieza juntos, antes de que lleguen los nietos para comer tras recogerlos del colegio. ¡Cómo nos salvan los abuelos y las abuelas en este mundo caótico y en una matria como Andalucía y sus pueblos pequeños!

Él manifiesta cómo justo acaba de incorporarse al trabajo de su mujer (al del hogar) ahora que ya está jubilado, y se dedica, entre otras labores de cuidados, a venir por los productos de limpieza. Está muy feliz por poder disfrutar esta etapa como pensionista ya de por vida, aunque esté cuidando a jornada completa junto a su mujer. Se alegra de tener una pensión digna tras una larga vida laboral dedicada a los astilleros. Sin embargo, lamenta que su compañera no pueda tener el mismo derecho a cobrar una retribución, ya que los cuidados y las horas que ha entregado invisiblemente a la familia no son cotizables. Por tanto, nunca tendrán los mismos derechos, se lamenta. Y yo con él.

Como él dice, haber sido ama de casa no le ha permitido nunca una cotización ni una pensión compensatoria a su trabajo de cuidados; un trabajo incansable e interminable, como él reconoce. Dice haber comprendido recientemente esa injusticia por la que atraviesa el ángel de la casa, como diría Virginia Woolf. Como él expresa, su compañera todavía no sabe ni de vacaciones ni de asuntos propios; tampoco ha tenido días libres nunca, por lo que la jornada siempre se ha extendido 24/7 en el tiempo.

Las amas de casa han sido infravaloradas, pese a que dedican su vida a trabajar en casa, aisladas, siempre cuidando del hogar y la familia. Lo hacen sin ningún contrato ni cotizan a la seguridad social. Este hecho les impide una protección al concluir su vida laboral, y no optan a una pensión pese a todo lo producido en el espacio doméstico durante toda una vida.

A él le he preguntado muchas veces: «¿Cómo llamarías al trabajo que ha realizado toda la vida tu compañera?».

La labor en casa ha sido históricamente atribuida a las mujeres, que empiezan una rutina diaria por todo el mundo desde bien temprano, y que continúa hasta altas horas de la noche. Sin embargo, la cuestión es remarcar otros aspectos, asociados al papel tradicional de las amas de casa, las madres y abuelas, que han tenido que edificar sus vidas haciéndose fuertes en medio de una adversidad sociocultural, y dependiendo siempre del permiso y la autorización de sus maridos para realizar cualquier asunto. Todo para, finalmente, desembocar en su invisibilidad.

Porque la división de género siempre ha sido evidente: los hombres, como sustentadores de la economía, y las mujeres, para las cosas de la casa. Especialmente para aquellas que no pudieron estudiar y, desde temprana edad, hicieron de su casa el lugar de trabajo diario. Gracias a la obligatoriedad del patriarcado. Para muchas como ella, la casa ha sido su único horizonte. Al final del día, sabían que el día siguiente sería igual y así toda una vida, gratuita e invisiblemente. También hay que sumar su condición de ser madres, cumpliendo con la función reproductora, sin dejar de atender la obligación de un hogar bien limpio.

Cuando los hijos e hijas crecían, tocaba afrontar la educación y todas las responsabilidades de la crianza. Ante este hecho, siempre he encontrado comentarios

47

como «ella estaba en la casa mientras el marido verdaderamente trabajaba, desarrollando una profesión que le permitía generar ingresos con los que mantener a todos».

Dentro de los preceptos del patriarcado, ellos daban parte de su dinero a su mujer para que ella los administrara. Realmente, por la idea de que el dinero era suyo y ella debía agradecer su esfuerzo y hasta las migajas que recibía para administrar los gastos del hogar.

Ambos nos preguntamos entonces cómo se sentirían tantas como ella al llegar a primero de mes, sabiendo o no que ejercían una labor sin generar ingresos por ello. Además, ella, como todas, hacía de esas limosnas una caja de ahorro con la que enfrentar dificultades o imprevistos, sin destinar nada a sí misma.

Para él, su compañera ha sido la muestra de que las mujeres en la casa han sido las administradoras del espacio, el tiempo, la economía... mientras condicionaban su amor propio y sus aspiraciones. Y cómo obviar que, al tiempo que ellos socializaban en los bares y en las reuniones, ellas apenas compartían conversaciones con otras vecinas cerca del hogar familiar. Toda la vida de los otros estaba en sus manos y sin salir de las cuatro paredes, sumando en ocasiones otros condicionantes de aislamiento, como no disponer del carnet de conducir. Su libertad de movimiento era solo para la obligación de sus casas.

Así han sido las amas de casa: niñas que se convertían en mujeres y, luego, en esposas y madres. Las que entregaban todo su tiempo para resolver la vida de los otros, complacientes y generosas. Ellas crecieron escuchando lo que vivían los otros. Mujeres explotadas e invisibles, sustentadoras de la economía y de la vida. A las que les seguimos debiendo un porqué.

Esta persona, este hombre que viene a por sus dos amoniacos, ha logrado una conciencia propia sobre el papel que ha representado cada uno. Confirma que ha estado estereotipado y condicionado. Él, en este momento presente, ha conseguido apostar por una igualdad en casa, rechazando las diferencias con las que han convivido por sistema durante toda su vida. Ahora es consciente de que ser hombre es un privilegio, y ha roto con la cultura de la desigualdad, ya que ahora es un aliado con el que practicar la igualdad real en su propio hogar.

RENOVA O ROSITA

Esta es la historia de la clienta que, como pocas, mantienen un fijo en casa. Desde ese teléfono fijo inalámbrico nos entra la llamada puntual de los jueves.

Ella venía cuando yo era chica a utilizar ese teléfono fijo que pusimos en la ferre y tenía una pantalla con números colorados para contabilizar el saldo por minuto de la gente que lo usaba. Ahora es una mujer octogenaria que llama desde su casa para el *go delivery* de la ferre. Sus piernas y el paso del tiempo le impiden venir a vernos. Llama casi todas las semanas.

Sus productos estrella son el papel higiénico, el suavizante que mejor olor da a la ropa de su hijo soltero con el que convive y esas bolsas de basura que emplea cada noche para sus pañuelos.

Ella siempre quiere que vaya a verla. Me ha llegado a confesar que, a veces, solo me llama para que me acerque a visitarla, con el regalo de esos besos y abrazos que a mí me encanta darle, porque para mí es una persona muy importante.

Suele aprovechar mis repartos a domicilio para encargarme otros recados: de la farmacia, del mercado o de la tienda del pan chiquita que tenemos entre su casa y la mía...

Siempre hablamos del Betis. Otras veces es mi padre quien aprovecha para hacerle una visita y compartir una tertulia futbolística. Cuando pienso en ella, me la imagino con ese batín colorado que siempre huele a flores y ese peluche que permanece cerca de su mecedora, vestido de su equipo favorito.

Casi no puede andar, pero, cuando voy a verla, me hace una demostración de cómo, al menos, puede pasearse un poco por toda la casa con su andador.

Es muy gratificante atenderla, abrazarla y cuidarla. Cuando es el tiempo de las mandarinas, siempre me acuerdo de regalarle una bolsita, que empaqueto con los agricultores allí en la malla colorada. Se lo llevo junto con unos caramelos de miel, y me encanta compartir esa cháchara por la que mi madre siempre me acaba dando un tirito... porque otra vez se me fue el tiempo y me entretuve demasiado.

Me encanta escucharla. Y me emociono como ella cuando derrama esas lágrimas de emoción por haberle dedicado un tiempito. Corto para mí, pero eterno para ella. Cómo no voy a ir yo a su casa, aunque solo sea para abrazarla.

Ha sido de esas mujeres que «solo han criado hijos». Cuenta entre sollozos, cada vez que se le viene a la memoria, que tuvo un marido muy bueno, pero que solo trabajaba y le hizo muchos niños. Nunca recuerdo si son nueve o diez los que tiene, casi todos varones. Si bien por las noches han sido capaces de elaborar una lista de turnos para compartir ese cuidado junto a su hermana, a ella le cuesta mucho que la cuiden «los niños». Dice que los hombres no tienen esa costumbre, aunque está muy sorprendida, porque ¡claro que saben! O al menos, «deberían aprender». Es consciente de que «tienen más privilegios», porque saben cómo librarse. O tal vez somos la sociedad quienes los hemos librado de tantos cuidados.

Yo siempre le digo: «Claro que saben. ¿Tú crees que nosotras somos diferentes por alguna razón?». Y la verdad es que no encuentra razones para explicarlo, pero insiste en que «hay alguna diferencia por ahí, casi biológica». No sabe si solo es «porque podemos parir o porque es lo único que se han molestado en enseñarnos en casa». Cuando compartimos una tertulia sobre los diferentes atributos que hemos recibido nosotras como mujeres, y por los que fuimos impedidas para trabajar fuera de la casa o incluso decir que ya no queríamos más hijos, ella siempre me dice la suerte que tenemos hoy la juventud de afrontar la vida de una manera diferente. Y claro que comprende que esas desigualdades deben erradicarse para querernos mejor y vivir con más calidad.

A pesar de su contribución a la vida con tantos seres humanos que han trabajado incansablemente desde niños, ella duda de haberlo hecho bien. Se lamenta de no haber podido darles la oportunidad de la escuela.

Para mí, ella es también el ejemplo de otras muchas historias cuya aportación de las madres ha desdibujado el rol de unos padres ausentes por ser la fuente de ingresos de la casa. Ellos han sido quienes han conquistado la calle, estando al pie del cañón, fuera de sus hogares. Ese hecho ha privado a muchas personas de tener el mismo vínculo con sus padres. Los hijos e hijas no han podido cultivar ese tiempo juntos porque los padres no han ejercido su paternidad. Los estereotipos de género han dado toda la carga a las madres. Y en solitario, desde antaño, han cumplido con esa función de educar a sus hijos, como ella hizo siempre. Y como continúa haciendo.

A mí ella me genera mucha empatía y solidaridad. Le digo siempre que el tiempo no ha garantizado nada en nuestro camino y siempre son las circunstancias las que indudablemente han marcado nuestras vidas. Y claro, también esas normas que hemos adoptado sin cuestionar.

Todas las personas, independientemente de nuestro papel, podemos contribuir a la vida de forma distinta a como venimos haciéndolo. Nada mejor que la voluntad de ser mejores personas cada día, con el autoconvencimiento de que tratamos de hacerlo lo mejor que podemos. Aunque siempre tengamos la capacidad de mejorar. Eso es indudable. Si bien ahora con mayor conciencia, creando en común un vínculo con nuestros hijos e hijas, con quienes nos comprometemos cada vez más a compartir la responsabilidad de cuidarlos. Al menos por aquí.

PONME UNA CHICA DE BLANCA PIEDRA

Hay clientes y clientas que no vienen siempre, que no suelen aparecer de manera habitual por las puertas de la ferretería como tantas otras personas. Sin embargo, en el mes de mayo, que es el mes de las limpiezas en el pueblo, siempre reponemos la blanca piedra que será adquirida por un señor en concreto. ¡Y en toneladas! Cada año le da un buen repaso a todas sus puertas y a sus muebles restaurados en dicho color. Al principio, nos costó saber cuál era el tono real del color que buscaba, aunque en realidad es sencillo porque se llama exactamente blanco piedra. Pero él siempre dice que es «una pintura en color blanco tirando a amarillito». Le encanta que lo atienda especialmente mi madre. Se entretiene durante el tiempo de compra en hacerle bromas, y siempre está de una manera muy cariñosa metiéndose con ella mientras exalta todas sus cualidades, que admira profundamente. Ellos comparten algo único. Es uno de nuestros abuelos de la ferre y, aunque casi tenemos que esperar un año para coincidir, siempre lo atendemos con el mismo agrado y alegría.

Como nos ha contado, a estas alturas de su vida se ha divorciado y emprendido una nueva vida. Invierte su tiempo en arreglar todo tipo de muebles y en decorar la casa, así como en practicar el cuidado entre sus hijas y nietos.

En su día, nos contó que para él mismo fue una locura pensar en la idea de dar un vuelco a su vida. Habían tenido una relación casi perfecta, con unos vínculos definidos, y practicaban al unísono la corresponsabilidad en el cuidado de la casa y la familia. Sin embargo, lo único que no compartían era el modo de vivir o disfrutar la vida. Quizá por ello fue muy duro tomar esa decisión, pero también necesitaba esa liberación de la que ahora tanto nos habla sintiéndose tan feliz.

Cuenta que enfrentar el paso del tiempo y los pocos momentos que faltan por coleccionar en la vida cuando tienes cierta edad te dan el empujón necesario para establecer nuevas prioridades. Está viviendo la nueva etapa entre el baile en el Hogar del pensionista, los viajes del Imserso y el poder compartir su vida con una amplia diversidad sentimental sin tener ningún tipo de compromiso.

Nos cuenta que siempre ha sido un alma libre en tanto en cuanto él ha sido muy consciente de amar a las personas por lo que son, independientemente de si son hombres o mujeres. Esto último ha sido lo más escandaloso de su nueva vida. Confiesa que nunca pudo ponerlo en práctica por respeto a lo que su familia le había inculcado. Él solo esperó a la princesa del cuento y renunció a su príncipe azul. Pero él siempre mantuvo en su interior «esa chispa» o curiosidad por amar desde la diversidad. Yo le digo que se trata de su conciencia. Y ahora puede estar orgulloso de haber avanzado en sí mismo lo suficiente como para comprender que ya está preparado para amar a quien sea.

Para muchas personas, mayores o jóvenes, aún se sigue cuestionando con quien se acuesta alguien.

La sociedad fue construyendo el género, es decir, la construcción social y cultural basada en las diferencias por el sexo biológico, a partir de las cuales se socializa diferencialmente a varones y mujeres dirigiéndolos hacia ideales tradicionales de hombre-masculino y mujer-femenina. Es con lo que nos identificamos como mujeres u hombres. Lo que queremos ser. Mientras, la orientación sexual se refiere a quién nos atrae y con quién queremos estar.

Pensamos que existe una nueva moda por ampliar la diversidad sexual más allá de lo que siempre hemos visto entre hombres solo con mujeres, o viceversa. Pero no es así.

En la misma ferre nos encontramos con muchas familias diversas que rompen con el estereotipo construido en una familia de mamá y papá. Sin embargo, podemos confirmar que sigue resultando «sospechoso» o «raro» para la mirada ajena lo que va rompiendo con los patrones dados. También sigo viendo cómo en los pueblos emigra mucha juventud al tener cierta edad. Se sienten libres fuera del pueblo. No solo a la hora de amar, sino para escoger cómo vestirse sin ocultarse a lo convencional. Es como si la identidad no fuera libre, sino escogida desde antes de nacer. Y esos roles que forman parte de la estructura del poder tienen la función de garantizar que el orden no sea alterado.

El cliente que viene a por la blanca piedra es de los que ahora eligen quien ser y a quien amar, por encima de esas normas sociales establecidas. Siempre creyó que todo en esta vida tiene una edad, por lo que durante décadas pensó que su momento no llegaría nunca. Hasta que el devenir del tiempo advierte que tu reloj de arena se va agotando para poner en práctica lo que deseas vivir realmente, y ello te impulsa y lo haces posible.

Su revolución más grande ha sido afrontar el cambio de su vida con ese mimo y decoro con que pinta cada mayo de blanco piedra la casa. Esta gente empodera cuando nos aporta esa visión sobre que las personas deben sentirse libres para vivir su vida como quieran, aunque sea durante su última etapa. Lo único posible y natural de verdad es decidir quién ser y a quién amar. Sin que te lo impongan.

LA CUENTA Y LA VUELTA

Cuando suena el móvil más de cinco veces porque no he contestado un WhatsApp, no es mi madre ni mi suegra, sino que a quien yo llamo «la matriarca», una de mis personas favoritas. Tiene más poderío que su genio y tiene más fuerza que sus gritos... Ella no sabe hablar de otro modo. Y es de pura cepa, como le digo. Tan cristalina como el agua. Sabe poco bien cómo decirte lo que piensa, provocando siempre la risa y sin generar ninguna molestia. No es capaz de dejar *apuntao* en la libreta de cuentas más de dos días lo que se lleva; aunque siempre me diga: «Eh, tú, la cuenta y la vuelta».

Ella es madre de cinco hijos y la faraona de la familia. Sigue pendiente de todos ellos como si no hubieran cumplido ya la edad adulta. No sé si será cosa de la maternidad o simplemente pasa en los pueblos, pero el sentimiento de apego y cuidados trasciende cualquier barrera, hasta la de la edad. Incluso cuando llegan los hijos de sus hijos. Y hasta los de la calle. Porque ella es de las que cuida el de la vecina. De hecho, últimamente, a tiempo completo, a la hija de una sobrina nieta política... que por circunstancias de la vida ha asumido criar.

Siempre me hace una llamada de WhatsApp porque dice que no sabe ni leer ni escribir. Y, especialmente, porque puedo tardar un poco en darme cuenta de su petición en ese audio escandaloso. Por mi foto de perfil sabe perfectamente quien soy; eso sí, no puedo cambiar la imagen por otra donde no aparezca yo. Es experta en la llamada de WhatsApp o en mandarte un audio de pocos segundos y bien alto, pretendiendo una respuesta inmediata. Aunque sin prisas espera a que llegues con su pedido a casa. Cuando voy para allá, siempre está con sus perritos esperándome, encendiéndose ese cigarro mientras no suelta la fregona con la que empieza todos los días librando la misma batalla de cuidados. Me encanta acercarle hasta un bote de detergente porque, además de vivir cerca y no pesarme el paseíto, su casa siempre huele a guisoteo rico. Y me siento en una silla por unos minutos para escuchar qué tal está. A veces, dice que solo yo le hago ese tipo de preguntas que no sabe ni qué contestar.

A ella le encantan nuestros truquitos de limpieza, sobre todo si se trata de dejar bien blancas las zapatillas de su nieto con el oxígeno activo y el bicarbonato.

Posee la gran virtud de liderar la casa y gestionar cualquier cosa que se presente. Es de esas personas que te llaman la atención por haber aprendido tanto en la escuela de la vida, sin haber tenido otra posibilidad u otro colegio para formarse. Es de esas gentes que han dedicado tanto tiempo a los demás que todavía siguen haciéndolo más allá de la muerte de los otros, con esas visitas incesantes cada mañana en el cementerio a su niña.

Ella es ese amor que todo lo puede, como nos han hecho creer. Sabe ponerlo en práctica día a día, aunque le duela hasta el aliento. Es la garantía de la continuidad familiar gracias a la labor altruista por su condición de mujer que nos han ido enseñando a todas. Y aunque nos cambiemos el nombre y nos denominemos matriarcas a nosotras mismas, como si pareciese que tenemos cierto poder conquistado, sabemos que este no es real. Las matriarcas solo acumulan más cargas. Nuestras voces, por muy sonoras que sean, no son vinculantes debido a la opresión que nos persigue en esos atributos que seguimos recibiendo por ser mujeres, y que se reflejan en cómo nuestros sueños o metas continúan posponiéndose por cuidar a los demás. Sobre todo, cuando «madre tenías que ser», con todas las virtudes que ella misma posee.

«PÍDEME LO QUE QUIERAS»: SETENTA KILOS DE ESTIÉRCOL

Ante el anhelo por la maternidad y en el deseo de convertirnos en madres y/o padres, hoy podemos permitirnos el privilegio de tomar esa decisión libremente y en consenso con nuestras parejas. Si es que es con pareja, claro está. En la actualidad, las parejas consensúan esta decisión como un reto que se plantean en común, porque así es cómo deberíamos entender ese deseo compartido...

Sin embargo, antes de todo ese proceso, en el que te vas planteando realmente si quieres o no, si se está preparada/o o no es el momento para serlo, comienzan a dispararse los cañones de las primeras opiniones de toxicidad y negatividad por el entorno. A veces, desde el más próximo lugar, con esos pretenciosos y malvados comentarios de un mundo androcentrista. Las habladurías se pasean sin permiso, sin empatía ni consideración, con esa pretensión tan lamentable sobre si se podrá o no se podrá. Especialmente, si el matrimonio lleva ya algunos años conviviendo. Y qué casualidad, al mismo tiempo, cuando esa bendita responsabilidad pesa en nosotras como si estuviese solo en cada una de las mujeres el deber exclusivo de la concepción de la criaturita. Esto ocurre porque nuestra relación con la maternidad naturaliza y mitifica esa elección de ejercerla o no; convirtiéndolo en un factor de tensión que se manifiesta por la estigmatización y la presión social que comentaba anteriormente.

Justo en medio de esa tormenta compartida por diferentes jóvenes de la ferre en una especie de debate, apareció un día él. El señor de ochenta y nueve años que nos inspiró con su historia, invitándonos hacia el libre albedrío de todas nuestras decisiones en la vida, llegando a conclusiones en las que nos animaba a repensar otras tantas situaciones; simplemente porque no debemos permitir que nos condicione nunca nadie con sus opiniones. Ni mucho menos cuando son tan tóxicas o no suman. Este hombre nos contó toda su vida. Empezó por su noviazgo, que culminó con un matrimonio que tuvo que partir al extranjero, donde nacieron sus niños cuando lo planificaron juntos. Tomaban las decisiones siempre en un ritual de consenso, un ritual que siguen al pie de la letra todavía. Nos relató cómo fue en aquellos años en los que, posiblemente, como él nos adelantó, pocas decisiones eran en común. De hecho, presume de que ellos rompieron los moldes hace más de sesenta y cinco años, durante su estancia en Londres. Su compañera —como él la llama— y él se casaron casi obligados para poder emprender ese viaje al extranjero en busca de una vida más digna. Sobre todo, ella. Cómo la iba a dejar su padre irse sin casarse. Con un hombre. Sola. Y tan lejos.

Nos contó que allí, en Londres, ambos conocieron la píldora anticonceptiva. Se siente orgulloso de haberse visto influido por la posibilidad de elegir y de sentirse libres en su decisión de ser padres. Nunca se vieron condicionados por las habladurías de la familia, desde donde ejercían la misma presión cada vez que pasaban de visita por el pueblo. Les preguntaban: «¿Cómo no viene eso que llega con el matrimonio?».

Siempre tuvieron claro cómo querían vivir sus vidas: en un comienzo, sin ataduras. Teniendo en cuenta, además, la experiencia laboral que estaban desempeñando juntos en la cocina del hotel y que les estaba aportando una satisfacción personal enorme y unos ingresos con los que volver, en unos años, más desahogados al pueblo.

El día que vino por los setenta kilos de estiércol en su carrito, como de costumbre, volvió a decirme que quería cogerlos él solo. Todavía se siente con fuerzas. Me pidió a cambio de mi ayuda esos caramelos de miel que siempre comparto con él en agradecimiento por su fidelidad.

Ese día tuve la suerte de conocer más sobre su vida, y acabé sorprendida y con admiración por su incipiente perspectiva de género ya en los años sesenta. Él comprendía perfectamente cómo se había llevado toda la vida viviendo con ventaja respecto a su mujer por el mero hecho de nacer hombre y recibir los atributos que les corresponden a todos; había visto toda su vida cómo su compañera vivía en una profunda desigualdad respecto a él.

Tiene un corazón tan grande que ese día también me invitó a probar la pasta italiana que durante tantos años preparó junto a su esposa en el hotel londinense, y nunca más dejamos de conversar sobre la vida y la necesidad del feminismo.

Si Manolo lo ha entendido, no debe de ser tan complicado, pensé. Y me planteé al mismo tiempo cómo los unos y las otras somos víctimas de esta lacra machista, porque de alguna forma nos afecta a ambos, como él supo describir a la perfección. También dijo que el feminismo nos salva y que nos apoya. Eso me emocionó mucho. Así lo he ido considerando todo este tiempo, porque a mí me ha salvado.

Autoras como Gerda Lerner y su obra *La creación del patriarcado* explican cómo la maternidad, desde el principio, no se ha construido en base a nuestros deseos, sino en base a una imposición de la estructura patriarcal para la constitución de los estados modernos. Además, actualmente deberíamos considerar un derecho a la no maternidad y de las no madres que existen y son referentes también por no tener hijos. Nuestra función en la vida no se define por la maternidad. Debemos tener libertad para elegir no ser madre, si es lo que queremos.

Por eso Manolo me inspiró mucho con su historia. No eligieron ser padres hasta que les llegó el deseo. Lo normal en su época era tener hijos porque la sociedad así lo esperaba. Hoy, aún existen debates en torno a ello, y hasta yo he sufrido crisis existenciales acerca de lo que quiero. Indudablemente, las expectativas sociales nos condicionan ante este hecho.

YA TOCA BLANQUEAR

Todos los años, cuando llega la primavera, ella es la primera en venir por su kit de pinturas. Se prepara para una nueva temporada de blanqueo, con la ilusión de poner su casa patas arriba y dejarla bien bonita. Así lo grita tras cruzar las puertas de la ferre. Aunque ya los años le están pesando más de lo que pensaba, nos confiesa.

A veces, se frustra porque no puede sola. Su sobrina este año vendrá a echarle una mano. Además, ha llegado bastante agobiada últimamente porque el número de comensales ha crecido en cada almuerzo.

Ella sufre mucho por la limpieza, quiere acabar cuanto antes para poder dedicarle otra semanita al campo, que ya viene la temporada de piscineo y se siente responsable de que esté todo a punto en ambos hogares.

A excepción de las personas profesionales de la pintura, por norma todas las otras que deciden la fecha de blanqueo y cuándo adquirir sus pinturas han sido siempre exclusivamente clientas, como esta. Confirman que sus maridos no se han percatado de la falta que hace y parece que es cosa de ellas solamente. Por lo que achacan que el sufrimiento también lo padecen solas. «Vivimos obsesionadas», dicen. Menos mal que voy comprendiendo que es algo cultural, ya que durante mucho tiempo estuve rebelándome a mis genes, pensando si eran más tontos.

Y como ellas justifican: «Parece que nuestros compañeros no se dan cuenta de las bajeras que hay que coger, cómo hay que volver a insistir con la humedad del baño...». Todas esas cosas que salen cada año incordiando otras labores del día a día en casa y en las que se podrían implicar ellos.

Ella no cuida por definición. Ya sabe, tras muchos de mis coloquios, que no es una vocación ni un designio innato. Tampoco es su destino, me he empeñado mucho en recordarle. De hecho, cierta conciencia hace que se sienta más indignada por ostentar tanta responsabilidad.

Se evade, aunque sea con la palabra, en nuestro comercio. Llega a decirnos que nosotras no tenemos vida. Estamos siempre con los niños desde que nacen, y cuando se nos ponen grandes, nuestros padres envejecen y nos necesitan. Y si se pone malo alguien, también nos llaman. Porque, como ella cuenta, su marido siempre está en el campo. Por eso le da pena. Se lamenta de que él no tiene tiempo de *na* al decir: «Qué dolor, yo también tuve que estar con mis suegros; el pobre mío siempre trabajando».

Ella realiza, además, una especie de colaboración informal en los cuidados de sus nietos y las personas dependientes que durante toda su vida ha cuidado. Incluso le tocó abandonar el trabajo remunerado que tanta ilusión le hacía desempeñar.

Todos los días de su vida realiza un trabajo rutinario, agotador, que se da por hecho y que no genera ingreso alguno. Es la cuidadora del hogar y la gran cocinera de la familia. Su compensación es una virtud simbólica cuando le dicen: «Qué grande eres, madre, tú sabes que te quiero». Su mérito lo sufre en silencio y en ocasiones con una carcajada, llegando a sentirse orgullosa de serlo todo para ellos. A pesar de todo.

Confío en que algún día su gente deje de decir que la ayuda y ella así lo crea. Es mucho más que ayudarse. Hay que sentirse parte del hogar y practicar el verdadero cambio desde nuestros hogares, donde debe estar la cooperación. Pues si los cuidados sostienen el mundo, tal vez el mundo debería ser sostenido por todos, en igualdad. Tenemos que insistir para que esta tarea pendiente traspase el umbral de nuestras casas.

MÁS FUERTE QUE MI CIZALLA

Mi hermana siempre se ha empeñado en llamarme «la Hulk». Ahora que lo pienso, que me digan Messi o Hulk me hace caer en que es más fácil compararme con esos héroes prestigiosos que con otras mujeres referentes que podamos conocer. Esa falta de referentes femeninos es un problema que afecta a mujeres y niñas en todo el mundo, incluso en países con los estados de bienestar más desarrollados. En nuestras escuelas es difícil todavía encontrar mujeres científicas, escritoras, filósofas y otras profesionales. Ni en la universidad recuerdo haber leído apenas sobre politólogas o mujeres de ese ámbito. No hay un diálogo entre los sexos en una historia que, definitivamente, ha sido escrita y dirigida por el género masculino. Tampoco lo hay en el deporte y, si existen algunas deportistas mínimamente reconocidas, estas cobran un salario mucho menor y desde pequeñas están obligadas a ser mucho más exigentes con su mente y con su cuerpo. Es muy común, por eso, seguir escuchando: «Es la primera mujer del mundo en...». Y a la generación de pioneras debería seguirla una nueva generación sólida de mujeres y otras personas referentes, independientemente de su identidad. Esta nueva generación habrá dado pasos hacia delante con respecto a las anteriores, caracterizándose por ser plenamente consciente de las limitaciones que nos han sido impuestas desde el pasado. Sobre todo, dará el derecho a conocer en igualdad de condiciones a todo tipo de personas, que independientemente de su género deben ser reconocidas como sujetos que piensan, viven, actúan y existen por sí mismas.

Mi hermana dice que soy la Hulk porque en la ferre acostumbro a manipular mucho peso y me encargo tanto de acarrear las mallas como de hacer los cortes de cadenas con la cizalla. Reconozco que me encanta asumir este tipo de tareas porque siempre he tenido mucha fuerza y no me cuesta mucho esfuerzo. Sin embargo, hay clientes que ponen en duda esta capacidad porque soy «mujer» y piensan que no he podido desarrollar igual este atributo físico que ellos. Siempre suelo dar la misma respuesta: «Claro que puedo, si estoy más fuerte que la cizalla de la ferre». Creo que se gana mucho cuando invertimos ciertos comentarios, consiguiendo transmitir que nuestras posibilidades no tienen que ver con nuestro género, de una forma amable.

La verdad es que a veces he tenido que esforzarme más para demostrar que sé del sector de ferretería y puedo emplear bien mi fuerza. En mi pueblo, además, hay muchas mujeres trabajando en las ferreterías y siendo las jefas, como en nuestro negocio familiar. Y creo que todas, ante ciertos comentarios, hemos podido demostrar nuestra valía y liderazgo por nuestro trabajo.

Con el tiempo, esas mismas personas que me cuestionaron al verme cortar sus cadenas o reponiendo una malla metálica en el expositor han terminado confiando en mí. Incluso, si no me ven en el mostrador porque estoy en el almacén, escucho que llegan y preguntan: «¿Dónde está la niña hoy? Yo quiero que me atienda ella mejor». Eso es lo más grande del mundo para mí, y lo he conseguido con mi formación y trabajo constantes. Sé que ahora valoran mi trabajo y las soluciones que les puedo aportar en lo que necesitan. Y ya nunca más han cuestionado ni mi fuerza ni mi formación en el sector.

BATA BLANCA Y CUCHILLITAS DE LA FERRE

Existe una gran cantidad de mujeres que, como ella, vienen siempre a la ferre buscando esa cuchillita o rasqueta para sus trabajos de limpieza *remunerá*. Es la herramienta «más eficaz», me dicen todas en la ferre. Por eso suelen confiar en nuestros productos para emigrarlos a la gran ciudad.

Igualmente, casi todas se lamentan por lo mismo: «Tener que ir a limpiar a otras mujeres y, cuando llegamos de echar la jornada, ahora toca limpiar nuestra casa». Esa frase representa lo que llamamos «la doble jornada». O triple.

«Pobres almas ignorantes», pienso para mí misma… Aunque confieso que muchas veces pude sentir en mis carnes esos mismos lamentos. Entre sollozos. Pues aquí la susodicha también ha limpiado al menos seis casas diferentes, durante mi jornada en la ferre y mi etapa como universitaria. Yo caí también en esa trampa. Una trampa que tiene que ver con pensar que mi trabajo era solo para ellas… Pero el trabajo doméstico y remunerado no es exclusivo para las propietarias de la casa, sino para la familia al completo.

Una no les limpia a ellas, sino a sus familias. El hogar es algo que nos pertenece a todos los miembros. ¡Ni que las que disfrutasen de lo limpio fuesen solo nuestras hermanas! Una, cuando va a limpiar a otras casas, realiza un trabajo para que se beneficien todos los convivientes. Y claro que una continúa una doble jornada, porque, cuando llegamos a nuestros hogares, sigue siendo costumbre que la casa sea solo cosa nuestra. De nuestra exclusiva pertenencia.

Como muchas otras, ella se desplaza diariamente a la gran ciudad. Algunas van en sus coches propios o compartidos; y otras veces se trasladan en autobuses multitudinarios, que van repletos de otras mujeres que salen bien temprano para dedicar su tiempo a otros hogares. Son las llamadas empleadas domésticas. Es muy complejo cuando, además, se trata de ser una mujer migrante, como le ocurre a mi clienta. Y hay quienes piensan todavía que está robando el trabajo de otras.

Todas ellas, con independencia de su nacionalidad, siguen siendo denominadas por otras personas como «criadas», «chachas» u otros términos que continúan sin convencerme porque me parecen muy despectivos. Son limpiadoras domésticas o de hogar, y, actualmente, han roto el techo de unos derechos inalcanzables frente al sistema que las ha marginado siempre, a pesar de que su labor es fundamental y de primera necesidad. El derecho al paro de las trabajadoras del hogar es una reclamación histórica de este colectivo que ha llegado recientemente, aunque no todas hayan podido acceder igual debido a que sigue siendo imposible en muchos casos que se formalice su trabajo en un contrato.

La perspectiva de género presente en los últimos años ha dado un impulso y les ha facilitado adquirir una conciencia más amplia sobre el importante trabajo de los cuidados y la gestión de la vida de otras personas que hacen. Pienso que existe un gran imaginario colectivo que desconoce el día a día de todas ellas. Sus vidas quedan al margen a pesar de que su labor facilita el funcionamiento del mundo, y en condiciones precarias, tanto económica como laboralmente, perjudicando su salud.

La inmensa mayoría de las que llegan a la ferre como ella realizan los trabajos no pagados que intrínsecamente nos pertenecen a las mujeres de la familia. Esos que seguimos asumiendo sin llegar a cuestionarnos el porqué.

Pese a todo, ella es feliz en su empleo, aunque padezca las secuelas en su cuerpo de ese trabajo forzoso por gestionar el cuidado de tantas casas. Ella suele ver lo que no debe ser visto y hace lo que sea necesario para el bienestar de la familia. Casi siempre cobra mal, porque, además, lo hace «en negro». Lo que más le pesa en su día a día es volver a casa y emprender, entonces, la segunda jornada. Confiesa haber pagado alguna que otra vez para que le limpiaran a ella también; olvidando que ese trabajo no era ni suyo ni para ella.

Con el tiempo, hemos descubierto que el mantenimiento de un hogar limpio nos compete a todos los convivientes. El peor invento ha sido atribuirnos esa responsabilidad solo a nosotras. Porque siempre se excusan en que es cosa nuestra o se nos da mejor la faena. ¿Será por practicarla desde antaño como si nos perteneciera solo a nosotras? Ella dice que al final entre su país y el nuestro hay pocas diferencias. A todas, en cualquier lugar, nos hicieron creer que, aunque el hogar no fuera propiedad privada de nosotras, siempre nos pertenecería su cuidado y atención.

Actualmente, nos encontramos una nueva circunstancia. Querer disponer de más tiempo libre, priorizar nuestra carrera profesional o, simplemente, desear abandonar esos roles atribuidos nos lleva a acudir a ellas, a las trabajadoras domésticas. Y no porque necesariamente seamos de una clase social alta, como venía ocurriendo hasta ahora.

Me interesaba muchísimo conocer si ella tenía la sensación de que la visibilidad de las mujeres de un país como el nuestro era el resultado de la invisibilidad de las migrantes. A mí siempre me ha parecido que todas las desigualdades de las mujeres pobres o de las migrantes se debían a la responsabilidad de las mujeres blancas, occidentales y «ricas». Teniendo en cuenta, por ejemplo, los hogares españoles que tienen servicios domésticos, los cuales suelen ser desempeñados por mujeres migrantes como ella. Sin embargo, me dio la clave de por qué se proyecta ese discurso. «Es hablar de una desigualdad dentro de otra desigualdad. Dado que suele ocurrir con bastante frecuencia que muchas mujeres extranjeras venimos solas y dejando atrás a los hijos en nuestro país de origen para hacernos cargo de forma remunerada de personas dependientes en España o de sus hogares».

Tal y como ella me explicaba, una gran parte de las mujeres migrantes llegaron porque la Ley de Extranjería canalizó la entrada de miles de mujeres migrantes ofreciéndoles como única oportunidad laboral y vital la realización de los cuidados. Es evidente que esta realidad deja una huella en muchas mujeres extranjeras que tienen que dejar a sus hijos en sus países de origen para realizar esos cuidados a las personas dependientes en nuestro país.

Estas mujeres, sin duda, se enfrentan a situaciones de especial vulnerabilidad y discriminación, provocadas por su vinculación al empleo en el servicio doméstico y de cuidado, y por su origen étnico. Todo ello deriva en desigualdades sociales, laborales y de acceso a recursos básicos con respecto al resto de la ciudadanía.

Por tanto, esta doble discriminación no es simplemente porque haya mujeres que consigan mayor visibilidad o porque el precio de las mujeres que logran superar el techo de cristal sea someter y oprimir a otras mujeres por el hecho de ser migrantes.

Finalmente, debo decir que la ferre contribuyó en mi evolución sin distinguir nunca ni colores, ni razas, ni etnias, ni fronteras... Soy de las que brinda por cualquiera y coso banderas de igualdad y libertad desde pequeña, con un profundo orgullo. Desde antes de tomar conciencia. Porque siempre tuve la certeza de que no existen categorías humanas; lo único que prevalece son los derechos humanos. Y en esos derechos humanos fundamentales no caben cuestionamientos, aunque haya quienes se empeñen en inventarlos con el afán de clasificarnos y diferenciarnos constantemente.

LAS BRIDAS DE LA CASETA

Él siempre llega buscando la silla de colegio que ha permanecido junto al mostrador desde hace cuarenta años. Esta le sirve de apoyo. Es un asiento acogedor para quien, como él, necesita descansar, hablar o parar su vida un momento. A veces se ve a sí mismo en una piedra reposando mientras cuida de las ovejas, moviéndose el último diente que le queda. Apenas sabe de la vida, pero aprendió a cuidar del rebaño y a ejercer una profesión cuando no alcanzaba ni los ocho años. Por eso, cuando se sienta ahí, recuerda su aposento de la infancia mientras se paraba a vigilar las ovejas.

Ese hecho ha marcado tanto su vida que ahora ejerce como el mejor padre y abuelo. Él siempre nos ha traído los huevos y ha venido frecuentemente de feria en feria. Es el experto en bridas para su caseta y, aunque ya se ha retirado, no falta a la cita del material de feria.

Siempre permanece pendiente de que no falte detalle y ya ha cumplido con el último vistazo en su campo, donde ha encontrado su refugio en una especie de retiro matutino. A las cinco de la mañana no se resiste a la primera visita de su pequeño trocito de tierra. Luego se despide, hasta la segunda ronda antes del almuerzo.

Él es un hombre corriente que ha sabido entender los paradigmas del sistema, ubicándonos en diferente lugar a los unos y a las otras.

Actualmente, ejerce como un gran enfermero, cuidando con amor y paciencia a su esposa, encamada y enferma. También dedica un tiempo al almuerzo, que elabora para un batallón. Capaz de hacer hasta un hueco para quien sea. Y si sabe que no te ha dado tiempo a preparar la comida, es de los que se presenta con un *tupper* de pajaritos.

Él se siente parte del movimiento que reivindica la igualdad, aunque reconoce que no ha empezado hasta ahora a comprenderlo. Ha llegado a sentir que sus privilegios como hombre le han facilitado muchas cuestiones en la vida. Como tener que ocuparse únicamente del trabajo y poder desatender todo lo demás. Del mismo modo, le indigna que, en su evolución como persona, otras exigencias del ser hombre le han reprimido muchas emociones que ahora aprende a gestionar. Confiesa estar convencido de que debemos deshacernos de roles culturales impuestos, que no son naturales en absoluto y nos impiden evolucionar en igualdad de condiciones.

Es honesto y reconoce que, de no haber sido por la enfermedad de su mujer, jamás habría imaginado que sería capaz de cuidar de un ser vivo y de asumir todas las responsabilidades que ahora practica con su gente.

Siempre se ha sentido especialmente cuidado por todas las mujeres de su familia. Incluso, cuando sus hijas nacieron, reconoce que no fue capaz de cogerlas en brazos. En aquel momento, pensó que eso no le pertenecía, y, sin darse cuenta, los años pasaron sin ejercer su paternidad.

También es consciente ahora de que siempre caminó sin miedos y de que nunca nadie lo ha acosado ni excluido en un trabajo. Y sabe que lo más revolucionario que ha hecho en su vida fue abrir una cuenta del banco a su mujer, pues nunca olvida cómo su madre fue privada de ello y otros tantos derechos.

Sinceramente, personas como él pueden desempeñar un papel muy importante en el feminismo, como aliado. Él es quien me inspira a creer que se puede evolucionar hacia un modelo de vida más cooperativista, equitativo y con una mayor implicación en los cuidados de quienes nos rodean. Unos cuidados que son fundamentales para comprometernos con una sociedad más justa.

LOS CAÑIZOS *PAL* CAMPO

Mi pelirroja enérgica siempre cuenta con nuestra ferre en la temporada de verano. Cuando sale el sol y llega la temporada de baño, ella quiere que mi padre le lleve a su parcelita los cañizos y el césped para su *chill out*. Si no recuerdo mal, con ella emprendimos el reparto a domicilio en aquellos momentos de pandemia. Desde entonces, inauguramos el servicio de repartos, llegando incluso a Barcelona, Murcia y a muchos pueblos andaluces.

Todas las mañanas me la encuentro dando unas vueltas en el parque, cumpliendo con ese rato de deporte que se ha propuesto para sí misma. Dice que no le quedan fuerzas ni voluntad, pero ya es hora de tomarse al menos esa media hora para ella.

«La intensa jornada de mi vida acaba de empezar y hasta el día siguiente tocará esperar ese momento a solas conmigo», me cuenta. Puedo percibir cómo se siente. Está tan absorbida por todo lo que la rodea que no sabe lo que es dedicar un segundo a sus emociones. Ni llega a ocuparse de averiguar qué tal se siente. Reprime el llanto y la tristeza cuando no puede más, pero nos advierte que siempre llega a la ferre cuando necesita ese abrazo sanador.

Evidentemente, nuestra clientela es como una familia. No competimos por ser más rápidos y por eso no despachamos a toda prisa. Siempre se instaura el consultorio. Será que hay personas que han encontrado en nuestro negocio un espacio seguro. Para liberarse.

Cuántas personas hay en el día a día como ella. Sin visibilidad ni reconocimiento. Y eso que, desde antes del primer rayo de sol, ya está corriendo por el parque. Ha dejado todo a punto en casa, donde pronto empieza una batalla en solitario con una amplia y peculiar familia dependiente de ella en exclusividad. Y, por si fuera poco, ha dedicado toda su vida a la ayuda humanitaria. Se emociona tanto como yo cuando hablamos del Sáhara y mi acogida. Su hogar ha dado más estancia a la gente que cualquier institución. Creo que ella es esencial para desarrollar la labor desinteresada y altruista con el prójimo. Con mi profunda admiración, he querido dedicar estas líneas a su persona.

LOS LATIGUILLOS DEL GRIFO

Esta historia nace con ese señor que vino un día indignado por los latiguillos del bidet de su casa. Afirmaba que era una *chorrá*, pero su mujer se había empeñado en cambiarlos porque se habían oxidado. Tuvo la osadía de confesarme que él solo lo utilizaba para depositar la ropa sucia, esa que luego aparecía, mágicamente, en su armario, ordenada y perfumada.

Ese día recordé cómo en general han sido las reposiciones de ropa o los cambios de armario cosas nuestras. De mujeres. Por lo que cualquiera como este señor tiene asimilado que estas tareas solo nos pertenecen a nosotras. Por el simple hecho de vernos diseñadas exclusivamente para esta labor.

Le planteé con cierta incertidumbre si nunca había pensado que existían cestos de la ropa. También le pregunté si él estaría dispuesto a llevar esos trapos a otro sitio. Por ejemplo, directamente a la lavadora. A lo que él me respondió que eso parecía fácil, pero que, si ya lo hacía su mujer, qué necesidad tenía él. A lo que le siguió: «Al menos no lo tiene que hacer a mano como su abuela».

Yo no daba crédito. Durante mucho tiempo creí que la lavadora había sido una revolución para la vida de las mujeres, cayendo una vez más en la trampa de que este artilugio era cosa nuestra simplemente. Pero estaba equivocada, claro. En realidad, los verdaderos avances para nosotras han sido el aborto, la píldora o el derecho al voto.

Todo ese pensamiento lo volqué en el debate que estábamos teniendo. Pensé que sería algo negativo el resultado, porque podía invadir su intimidad o las dinámicas personales que él junto a su mujer tienen ya establecidas en casa. Sin embargo, lo cierto es que pude sentirme escuchada y surgió hasta un compromiso para implicarse en el hogar, comprendiendo que no solo es cosa de mujeres. Se llevó hasta un cesto de la ropa, y eligió él mismo el detergente para lavarla.

Aquel compromiso no quedó ahí, sino que este señor ha seguido viniendo a la ferretería, planteándome ahora diferentes debates por los que siempre incorporamos una nueva enseñanza.

LAS PATAS DE LA CAMA

Recuerdo aquel día en el que se propició en la ferretería la conversación más picante. Nos pilló a una vecina y a mí casi sin esperarlo.

Ese día, lejos de ponernos coloradas, nos pusimos a hablar con más libertad que nunca de la liberación sexual de las mujeres y nuestra evolución. Creo que lo mejor fue encontrarnos ante el mismo tema las tres generaciones con diferentes puntos de vista. De modo que las comparaciones resultaban más llamativas e interesantes.

Todo empezó con las patas de la cama que venía buscando esta clienta. De repente, la vecina que se encontraba aquí, de forma pícara, le dijo: «Ya ha cedido la cama de tantos meneos, ¿no?». A lo que la clienta contestó: «He apurado *to* lo que *podío*. Con *to* y con eso, unos buenos pocos *meneos* le caben». Empezamos a reírnos al unísono con las lágrimas saltadas. Y las tres parecíamos haber desplazado nuestras mentes granujas hacia el acto sexual, como si no fuera de otra cosa.

Mientras, ellas continuaban conversando de lo bueno que estaba eso» y de «cómo ya quedaba atrás con el paso del tiempo». Yo les pregunté de forma osada si realmente habían disfrutado de su sexualidad. La más mayor afirmaba que «solo sabía que, tras el acto, nacía una nueva criatura». La joven clienta admitía: «Eso es lo mejor de la vida; un placer sin igual del que aún disfruto».

Me rompió el corazón la afirmación de la primera vecina... Esa que nos siguió contando que lo más revolucionario que había vivido fue aquella vez que probaron una postura en la silla del salón. Habían visto una película del oeste y salía una escena donde los amantes practicaban sobre una silla. Ella nos contó que quiso intentarlo, pero no sintió nada. «Nunca me daba tiempo de encontrar ese *mórgamo* del que hablan». Por lo que las tres empezamos a reflexionar en torno a nuestra sexualidad desde los diferentes puntos de vista.

Sin dudas, me comencé a plantear cómo los efectos del patriarcado recaen también sobre la sexualidad femenina. Además, no solo se expresan esos efectos y represiones a través de las agresiones y el acoso. Lo más directo que se aprecia es esa violencia, pero también se ha construido, casi invisiblemente, una sexualidad «reprimida» de las mujeres. Otra evidencia de la desigualdad entre los géneros. Y cómo estas desigualdades suponen el control interiorizado de nuestros deseos y pasiones como personas. Como si sentir el placer fuese algo peligroso. De hecho, entre mujeres de mi edad hemos compartido el pudor o malestar aún por la masturbación. Y entre otras, más mayores, se comparte el temor a sentir o no sentir. Sin embargo, ha sido siempre muy fácil fingir para todas como si sintiéramos.

Sin dudas, no quería dejar pasar cómo la lucha por una sexualidad libre no debería ser algo secundario. Transformar la forma en que nos relacionamos y sí, también la manera en que follamos, es importante. No solo cuestionando las estructuras de la monogamia heteronormativa. También conquistando una mayor libertad sexual y el placer como prioridad del conjunto de la sociedad.

Permíteme hablarte de Noemí Casquet, una activista y educadora sexual. Con ella comparto esa premisa sobre que el arma de revolución masiva más poderosa que existe es el sexo. Además, es una gran herramienta de meditación. Una lástima que la sociedad siga censurando la sexualidad y el placer, especialmente el de las mujeres.

LA AMANTE DE LOS OLORES

Ella siempre se levanta la primera para emprender su trabajo a unos pocos kilómetros a pie de su casa, y llega antes de la media mañana tras la caminata de vuelta. Entra por el negocio, buscando la nueva fragancia para perfumar su casa. Aprovecha para echarse sobre el mostrador, y nos pregunta qué tal nos va el día. Al rato, vuelve a echarnos otro vistazo y se marcha a la siguiente jornada laboral. Ya no volveremos a vernos hasta mañana. Si es que no pasa de vuelta y nos pilla con las puertas abiertas. Siempre nos regala su visita y su fiel sonrisa.

Tiene tres trabajos. Compatibiliza todo y organiza su tiempo casi sin descanso, porque, si tiene el día libre o le toca volver al paro, ya está pillando cita en la oficina de empleo. Y, luego, se remanga para plantear el pisto, limpiar la casa y lo que dé el día. Por eso, otras veces, llega con frustración y empieza un discurso que me provoca la risa. Una risa que se identifica con un profundo orgullo por su consciencia. A veces pienso: «Ni que la hubiéramos adoctrinado».

Su indignación es por las circunstancias en las que compagina su tiempo cada vez que le toca acompañar a su hermano al colegio o tiene que ponerse con prisas a limpiar en casa antes de salir al trabajo. En voz alta hace una pregunta que ella sola ha aprendido a cuestionarse: ¿por qué nosotras, por qué me toca a mí siempre, Encarni?

Ella sabe, como yo, que la clave para la igualdad empezaría compartiendo las tareas del hogar. Y claro que no es solo cosa nuestra. Ni que tuviéramos un pacto con el orden y el alimento que disfrutarán los otros miembros de la familia.

Siempre aparece como por arte de magia. Es inesperada, espontánea, risueña, alegre… Cuando viene, es como si se iluminara la ferre. Su risa siempre se escucha de lejos. Su queja es un grito ahogado con prudencia, pero que sabe expresar libremente su injusticia. Tiene diversidad funcional y es la persona más capaz que he conocido en mi vida. Su paso por este viaje de la vida ha sido a veces doloroso e injusto. La gente piensa que su diversidad la hace ingenua, incapaz, indiferente. Y hasta ella se ha sentido alguna vez invisible; sin imaginar que es una referente.

Ha luchado tanto por conseguir un trabajo que no ha sido ni la Oficina de empleo ni las instituciones públicas las que le han abierto las puertas al mundo laboral. Ha sido su lucha constante, sus paseos infinitos o sus llamadas incesantes lo que le ha permitido ir conociendo diferentes trabajos que han llegado a obviar su «discapacidad» o sus «limitaciones», para excusarse a la hora de darle la oportunidad que como todo el mundo se merece.

Quizá no te lo has planteado nunca, pero la discapacidad es un asunto de gran relevancia, y actualmente crece el número de personas afectadas. En Europa, al menos el diez por ciento de la ciudadanía presenta esta diversidad, formando un colectivo de personas invisibles, ya que la discapacidad no está en una persona, sino que son las sociedades las que imponen las barreras para incapacitarlas.

Cuando se trata de mujeres, la situación de invisibilidad es más acusada. Está demostrado por diferentes informes que son más vulnerables y están más expuestas a sufrir una mayor discriminación. Se estima que hasta un sesenta por ciento de las personas con discapacidad son mujeres. Si bien es cierto que, durante los últimos años, el avance de los derechos de las personas con discapacidad ha sido importante, la brecha entre hombres y mujeres se ha ampliado. Las mujeres con discapacidad son discriminadas en el ámbito familiar y en el educativo, con niveles de analfabetismo muy elevados. Sus posibilidades de acceso al empleo se restringen; el sistema sanitario tampoco responde a sus necesidades y la protección social que reciben no exime a la mayoría de la pobreza. Todas estas circunstancias impiden el desarrollo de sus vidas de formas regulares y normalizadas.

La discapacidad no es un problema individual, sino un fenómeno socialmente construido. Y los prejuicios culturales apartan a estas mujeres del espacio público, recluyéndolas en exclusividad en su casa; como si no tuvieran más que aportar.

Por eso ella es de las que nunca se han rendido, y ha ido sembrando un conjunto de logros que le ha permitido mayor inclusión y visibilidad. Esta ferre tiene la suerte de haber contribuido también a ello, pues nunca dudamos de su capacidad y siempre empoderamos su ímpetu por cambiar las cosas. Depositamos nuestra confianza, amor y tiempo para que nunca le quepa dudas de ello.

Ella siempre ha jugado en desventaja y llegó a dudar muchas veces sobre si su entorno ha percibido lo duro y hasta especial que puede llegar a ser el modo en el que ha enfrentado su vida desde que nació. Porque no todo en la vida es incondicional. A veces, no es suficiente con el amor. En la vida necesitamos que crean en nosotras. El amor no todo lo puede. Existe algo más grande que el amor y es sentirnos valoradas, sentir que nos quieren bien y respetan como somos.

Existe una profunda necesidad por sentirnos realizadas y realizables, valoradas y válidas. De ahí que siempre me empeñe en que ella sea consciente de sus capacidades y no dude jamás de sus atributos, a pesar de las adversidades y limitaciones que existan. Ella es autosuficiente, independiente, *empoderá*. Y sé que seguirá trabajando para abrirse esas puertas que la vida se ha dedicado a cerrarle desde pequeña, porque sus ganas nunca se desvanecen. Siempre se lo recordamos.

Cuando pienso en ella, recuerdo todos los logros en los que me ha hecho partícipe tanto a mí como a mi familia. Ella ha compartido siempre con nosotras aquello que le emociona, le aporta... Se me ilumina el alma porque para mí es mucho más que una clienta u otra vecina que tengo relativamente cerca. No puedo olvidar aquel día que se sacó la ESO. Cuántas veces papá y yo estuvimos ayudándola con sus deberes. Y sí, se sacó su título también en la escuela de adultos, que tan importante era para ella.

Ahora que menciono todo esto, pienso en lo inevitable que ha sido la ferre siempre en mi vida; siendo el sitio para todo. Ella también ha sido de las que se han sentado tras el mostrador. ¡Cuántas veces repasamos el verbo *to be* en inglés, inventando miles de juegos para que fuera más fácil aprendérselo! Nos poníamos allí detrás del mostrador, en esa mesa que ha sido la ropa camilla de los inviernos y el mejor apoyo de todas las temporadas. Compaginaba esas clases particulares mientras despachaba y hacía también mis deberes del primer año de la carrera. Pues casi todas las tardes, cuando venía de la facultad, las pasaba en la ferre, y allí estaba ella esperándome ya para preparar sus exámenes juntas.

Han transcurrido más de ocho años, pero sigue recordándomelo y dándome las gracias por todo lo que he podido hacer por ella. Lo que no puede imaginar es que me ha enseñado mucho más a mí de lo que yo haya podido aportarle en este tiempo: gracias a sus visitas y a su amor, que como un paraguas de colores me contagia de vitalidad y me llena el alma. Es vitamina para un día malo, y aunque siempre me está riñendo porque limpio mucho, también me pide un consejo para probar el nuevo olor del friegasuelos. Qué curioso una vez más, ¿no? Ella también es la que dedica tiempo al hogar y se encarga de cuidar altruistamente a la familia.

En nuestro país, se hacen diversas encuestas para responder a las diferencias que existen en la dedicación al cuidado. Pero no es suficiente con datos. Simplemente, necesitamos darnos cuenta de dónde vienen los comportamientos para poder cambiarlos, para poder centrar todos nuestros esfuerzos en que las cosas se transformen. No podemos seguir centrándonos únicamente en datos si no hay soluciones reales a esos comportamientos reflejados en las estadísticas. Diría que es más importante llegar a responsabilizarse de lo que nos rodea, usar las herramientas que tenemos a nuestro alcance para no cargar a nadie con lo que nos corresponde a todas las personas y deconstruir todo lo que nos han enseñado. Justo esa es la clave para encontrarnos hogares corresponsables y liberarnos de cargas que hasta ahora nos han pertenecido solo por ser mujeres.

En este sentido, cabe recordar que esos comportamientos sociales no son espontáneos. Son aprendidos de generación en generación, y se han ido reproduciendo a través de un modelo arcaico que las personas hemos asimilado como lo correcto o lo normal. Por eso la responsabilidad de romper esos patrones no está solo en estudiar unos datos, sino en generar una conciencia que reconstruya un nuevo modelo en el que todo el mundo sea capaz de compartir el cuidado y el mantenimiento de la casa y las personas de nuestra familia; independientemente de la persona que elijamos ser o hayamos nacido.

AGUA PARA LOS PAJARITOS

Llega la primera por las puertas de la ferre. Siempre buscando el agua de botella para sus animalitos, a los que cuida con tanto cariño, regalándoles todo el tiempo que le resta de vida. Sus pasatiempos favoritos son las películas fantásticas y ver ese milagro de la vida cuando nace un nuevo miembro de su colonia de pájaros... Una vez nació una canaria tan colorada que decidió ponerle mi nombre.

Cada día permanece muy expectante a lo que acontece en la ferre; y cómo no, dispuesta a hacer propaganda de nuestros productos como la clienta afín y leal que es.

Para mí es mucho más que la diversidad de la vida. Representa el ser o amar libremente en un mundo que no siempre nos ha otorgado todos los privilegios con la misma igualdad de oportunidades. Es posible que nunca la haya escuchado quejarse de su infancia, y presume que ha vivido durante algún tiempo como ha querido, sin dejar de tener, como cualquiera, mil sueños. Aunque no lo haya tenido nada fácil. Entre sus sueños se encuentra haber podido escribir un libro contando su propia vida.

Yo ahora le hago un guiño por haber coincidido en este viaje, ya que me ha aportado anécdotas inigualables. Todas cuentan con las licencias concedidas para amar y estar con quien ha querido, sin que nadie se atreviese a juzgarla. Y qué decir de todos los días en los que hablamos de miles de asuntos y las pocas veces que compartimos razón en ellas. Me ha enseñado a afrontar la vida sin verdades absolutas, a valorarla según la mires. O, mejor dicho, como la vivas. Probablemente, porque cada persona somos el resultado de nuestras experiencias.

Para mí esta protagonista forma parte de ese abanico de la diversidad humana, donde cada persona es diferente y tiene cualidades múltiples. Ella es una persona mariposa, como cualquiera, y para la que no puede darse todo por hecho y resuelto, porque nunca en el mundo está todo logrado ni ha sido dado por arte de magia. Hay muchas que no han contado con las mismas oportunidades. Y como si de cada lugar del mundo hablásemos, encontraríamos realidades tan distintas como humanas. Por eso es injusto. Es injusto etiquetar, cosificar... ¿No podemos entender la vida sin prejuicios? ¿No podemos educar en igualdad, comprendiendo que las personas son libres para amar y sentirse como quieran? ¿Tan importante es para nuestro desarrollo personal o para nuestra vida tener en cuenta el cuerpo de una persona, con quien se acuesta o cómo se viste? Seguro que no nos repercute en nada. ¿Por qué es tan difícil aceptar?

Hay barreras que deberíamos superar. No tiene sentido que existan. Nadie debería conceder permiso para amar o ser quienes queramos ser. Hemos construido un mundo lleno de mariposas que hemos ido clasificando en dos clases; el sistema nos ha clasificado a los humanos en dos tipos. Y hay quien aún no se lo cuestiona, mientras seguimos coartando las libertades de todas las personas si solo las tenemos en cuenta como en dos dimensiones diferentes.

Por eso yo siempre digo que hay que ser una mariposa como ella, a su bonita y libre manera. Cuando pienso en esta clienta, y en algunas personas más con el corazón tan libre y esas ganas de amar a otras personas, sin importar su sexo, agradezco que podamos contar por fin con unas leyes que protejan y dignifiquen la existencia de otras orientaciones sexuales e identificaciones de género diferentes. Esto ha sido gracias a la lucha de los colectivos LGTBI, como, por ejemplo, en Andalucía, el Movimiento Homosexual de Acción Revolucionario (MHAR), nacido en 1978 y que se manifestó por las calles de Sevilla, junto a otras organizaciones LGTBI que aparecerían después por todo nuestro país. Sin olvidar que, previamente, hacia 1979, se dejó de aplicar la Ley de Peligrosidad Social, que no llegó a desaparecer de la legislación española hasta la aprobación del nuevo Código Penal en 1995. Y cómo no mencionar otro gran logro, años después, cuando se aprobó el matrimonio igualitario en 2005, constituyéndonos como uno de los primeros países de Europa y del mundo en reconocer el derecho al matrimonio entre personas del mismo sexo.

Ahora parece que la diversidad es la normalidad; pero no podemos olvidar que se trata de una larga lucha de reivindicaciones por quienes durante tantos años trabajaron sin descanso —y así continuaremos— por los derechos LGTBI, para acabar con discriminaciones o prohibiciones ante lo que queremos ser o a quien elegimos amar. De hecho, en el plano internacional aún existen setenta y cinco países en los que se persigue y se condena la homosexualidad, siendo castigada en quince de ellos con la pena de muerte.

Lo mismo ocurre con la transexualidad y las diferentes identidades de género. Estas han existido en todas las épocas históricas. Si bien en nuestra sociedad estaban ocultas, en muchas otras eran aceptadas: como la etnia Azande, estudiada por Edward E. (1976), o las poblaciones inuit del Gran Norte canadiense, donde han existido personas que no se sentían del género que se les había asignado al nacer. Incluso en otras culturas se habla de un tercer género, introducido en 2008 como categoría en las fichas de identidad en el estado federado de Tamil Nadu.

Por el contrario, el colectivo trans sigue siendo uno de los grupos más oprimidos, incomprendidos, excluidos y desprotegidos en nuestra sociedad. En este sentido, se puede afirmar que queda mucho por lograr, ya que en el aspecto legal se ha avanzado significativamente, pero no tanto en lo social como para definitivamente afirmar que la igualdad sea plena, efectiva y real para estas personas. Todavía no vemos a las mariposas como son: diversas y libre de vuelo. Creo que necesitamos vacunarnos contra las discriminaciones y el rechazo. Para ello, una dosis de empatía, tolerancia y respeto para otorgar visibilidad y ser capaces incluso de denunciar. Por un mundo lleno de dosis contra la LGTBIfobia, inmunizado ante los roles de género y este estigma social que parece no tener fin y en el que todas las personas nos vemos envueltas en nuestro día a día, como sociedad.

Por eso, cuando pienso en ella, admiro profundamente cómo toda su vida ha sido diferente. Una persona que no ha necesitado siquiera identificarse con algún género, pero comprende la necesidad de sentirnos libres y con plenos derechos como cualquiera. Es tan segura de sí misma y tan independiente... que no comparte su vida más que consigo misma. Y aun con todo, me atrevería a pensar que puede comprender lo que es el peso de ser mujer. Aunque llegue a negarlo a veces. Ella cree que no han existido límites para sí misma; pero es posible que en su tiempo sí haya tenido que reivindicar su visibilidad y diversidad ante una sociedad que ya parece ir asumiendo que todas las personas merecemos dignidad y respeto. Por eso siempre ha tenido muy claro que no le hace falta una ley para tener «más derechos». Considera que la vida siempre la ha respetado en cierto modo, y quizá por eso evade la necesidad de reivindicar como mínimo otro nombre distinto al que le dieron al nacer, con el que sentirse más ella en la vida real y no solo como ya lo hace en Facebook.

LA CUENTA INFINITA
Y LA DEUDA PENDIENTE DE LA FERRE

Viene cada dos sábados a saldar la cuenta infinita de la libreta. Cuando llega, sin embargo, pienso que soy yo la que se siente en deuda. Esa que venimos acumulando casi toda la familia con ella. Ha sido parte del éxito de estos cuarenta años, participando en la oscuridad, trabajando desde la sombra sin poder dar el salto y escapar de ese suelo pegajoso en el que vive desde que tenía nueve años. Y eso que fue de las primeras de la familia en divorciarse, en emprender una empresa sola para sustentar a sus hijos y en realizar otras tantas cosas más revolucionarias.

Ha sido madre antes que hija o hermana; ha sido adulta mucho antes que una niña con su bonita y corta infancia. En su vida, todo ha sido precipitado por circunstancias diversas que han ido aconteciendo sin reconocimiento. Ha contribuido enormemente en tantas vidas que no podía dejar pasar la oportunidad de dedicarle al menos unas líneas. Porque ya dejó su empresa de la hostelería y se dedica a limpiar más casas que días tiene la semana.

Su historia es tan empoderante como las demás, ahora que ya asume cierta conciencia y la vida también le ha saldado parte de esa deuda, con unas pocas alegrías que merece como cualquiera que trabaja tan duro con ese amor tan gratuito e invisible. No es ella quien ha contraído sola la deuda que mencionaba. Es la vida y sus circunstancias las que han reprimido su vuelo, resignando hasta los fracasos de los que siempre ha sido responsable esa puñetera vida que no le ha dejado, en cualquier caso, otra elección. El techo de cristal que empezamos a encontrarnos está primeramente en la propia familia. Por así decirlo. Ese techo, ese muro inquebrantable que nos da cobijo, nos cohíbe y nos reprime al unísono de nuestro crecimiento personal, llegando a lapidar nuestros sueños y hasta anhelos más pequeños. De toda la vida, se ha concebido la crianza como una forma para generar mano de obra barata o para que nos cuiden al envejecer. Pocas veces oigo hablar de tener hijos como una elección libre, como cuando optamos a una vivienda y no reprochamos a la hipoteca su quehacer. Si no se ha concebido así recientemente, durante mucho tiempo sí, el suficiente como para haber condenado sin darnos cuenta a nuestros hijos e hijas a asumir nuestras obligaciones, mientras las apartábamos de sus propias metas en un egoísmo inconsciente, pero que históricamente hemos ido construyendo por el sistema, donde el amor todo lo puede... El deber de.

Más aún como les ha pasado a tantas personas, cuando eres la mayor de los hermanos y tus padres trabajan casi veinte horas al día. Al final, no parece quedar otra, aunque sea injusto. La vida desgraciadamente no entra en esos juicios de valor cuando nos va encomendando todo eso.

Y así es como se cierran todas las puertas y se agotan todas las posibilidades. Te retrae al cuidado y te conduce a la administración de todas las tareas del espacio que queda aislado en la casa. Empieza esa jornada infinita del cuidado de toda una familia que pronto madruga y empieza su cadena de producción. Te hace convertirte, además, en la sustituta de mamá en casa y frente a tus hermanos. Esto también es una trampa. Las madres conviven con ese deber de todo poder y por eso te lo traspasa con la exclusividad que a todas nos ha ido perteneciendo. Nacemos como hijas del patriarcado, siendo imaginadas por la familia en su contexto con los mismos estereotipos de género... Nos educan y crecemos con esas diferentes expectativas y exigencias según el sexo.

Ese patriarcado nos ha presionado a todas, incluso a nuestras madres, que sentimos culpables tantas veces por habernos condenado a cuidar como ellas tendrían que haberlo hecho; obviando que eso no les pertenecían solo a ellas. Sin embargo, en esa paradoja se genera una injusticia que nos marca de por vida, sobre todo si ha sido la sentencia de nuestras vidas para siempre, condicionando nuestras decisiones y nuestros trabajos.

Ella no ha podido aún superar tanta injusticia. Recuerda cómo la persiguió desde muy pronta edad una llave colgada en su cuerpo pequeñito, para albergar desde entonces tan enormes responsabilidades. Su amor ha sido siempre altruista e infinito. Dudo que podamos devolverle algún día todo lo que ha implicado su labor en la continuidad de la empresa familiar; aunque sí le repetiremos una y mil veces GRACIAS por habernos dado tanto tiempo tuyo a nuestras vidas.

UNA GOMA PARA LA OLLA

En la ferre somos expertas en los arreglos de olla. De toda la vida, mi abuela los ha ejecutado con una perfección que todavía persiste en sus manos. Deja todas las ollas como nuevas y es la mejor en colocar la goma en la tapadera.

Ahora soy yo la que está obsesionada por aprender este tipo de arreglos, para seguir logrando mi independencia y sentirme autosuficiente en caso de urgencias.

Este día muy concreto que voy a contarte, vino a arreglar su olla un señor. Hasta ahí todo normal, aunque se puede señalar que existe una variedad importante de chicos solteros, viudos o separados que tardíamente se han encargado de las comidas y se han enterado de que la goma de las ollas caduca o se pudre con el tiempo. Lo han hecho aquí en la ferre.

Este hombre venía a arreglarla, como de costumbre, y me sorprendió la limpieza y el cuidado con que nos trajo aquel cacharro. No pude reprimirlo y hasta le agradecí esas condiciones en las que llegaba a mis manos una olla tan limpia. Lo sorprendente de todo fue su respuesta. Esa que aún estalla en mi cerebro cuando la recuerdo. «La verdad, no puedo entender por qué la ves tan limpia si eso de ser curiosas en los cuidados o la limpieza solo es cosa vuestra». A lo que le siguió: «¿Conoces alguna *escochambrosa*? ¿Te traen algunas la olla sucia?». En ese momento, yo no comprendía que la limpieza pudiera ser de unos u otras, ya que soy una persona con pensamientos actualizados acerca de los trabajos domésticos. Pero él insistía con que, biológicamente, las mujeres vienen preparadas para la casa y los niños. «Debe saliros solo; es imposible que mi olla esté más limpia que la de una mujer».

En ese instante, recordé con cuántas cosas más nos insisten en el día a día, aludiendo a que son nuestras o nos pertenecen de forma innata. Como si no fuera algo aprendido social o culturalmente. Es como un machismo muy invisible ese que nos dice que hay cuestiones que son así porque estamos aptas desde el nacimiento para llevarlas a cabo con esa exclusividad que nos ha pertenecido siempre.

Las diferencias sexuales en sí mismas no son la causa de las desigualdades. Lo que ocasiona las desigualdades es que, a partir de estas diferencias, se originan estereotipos y se asignan roles y conductas a hombres y mujeres. Como en este caso. Esto ha generado que históricamente se haya «normalizado» que los hombres sean los que trabajan (de manera remunerada) en el espacio público, mientras que las mujeres se hacen cargo del ámbito doméstico en el espacio privado.

El hecho de que tradicionalmente las mujeres hayan realizado, y aún realicen, estas actividades no es «natural» ni producto de sus habilidades, sino resultado de los roles asignados a ellas por la división sexual del trabajo. Hombres y mujeres pueden realizar labores de cuidado y domésticas por igual; ninguno de ellos tiene más habilidades o es mejor que el otro u otra para realizarlas.

Y la implicación de los hombres en las tareas domésticas y de cuidado, además de una responsabilidad, es también una oportunidad para ellos de potenciar su rol como cuidadores, ya sea como padres, hijos, hermanos o pareja, así como de ejercer roles de los cuales han estado históricamente excluidos. Como ser igual de limpios con la olla con la que fabricas tu alimento.

Aunque me tocó mucho insistir, y casi ceso en mi empeño, este señor al menos reconoció que también él tenía derecho a limpiar, y por eso su olla estaba reluciente.

UNA LEJÍA DE COLOR ROSA

Esta clienta está adscrita a los productos de lejía rosa, que siempre se lleva en cajas apiladas como si fuera a venderlos en su casa. Todavía no entiendo cómo puede emplearlos cada semana en cantidades nunca vistas. Es cierto que conviven diariamente siete personas —y que ella se encarga hasta de lavar la ropa de todos—, pese a que, a la hora de dormir, ambas familias se separan y comienzan una ficticia independencia.

Una de las frases que más resuena en mi cabeza es esa que sí he apuntado para siempre en mi diario y nace con esta protagonista. Ella siempre celebra: «Murió Franco y salí del fango».

Creo que nació cerca de los sesenta, y por eso valora profundamente la libertad de la que pudo gozar, respecto a otras mujeres, cuando regresó la democracia a nuestro país. Ella dice que vive en un divorcio que no ha firmado y celebra una emancipación que perdura desde que se armó de valentía para romper con aquellas cadenas de su vida. Aunque no todas estén rotas. Todavía convive con su «no divorcio». Pero parece que lo saben gestionar y cumplen todos los requisitos del matrimonio cuando se trata de la enfermedad.

Su salud mental no le impide mantenerse cuerda. Y es consciente de la importancia del feminismo, aunque no le guste pronunciar ese nombre. Sabe en qué consiste, pese a su temor a nombrarlo. Ella lo ha puesto en práctica siempre, pero aún no se ha dado cuenta. Luego, cuando comparte la receta secreta de la felicidad, hace un escueto resumen de lo que podría ser la igualdad. También conocida desde el feminismo.

Ella siempre recuerda de su contexto lo siguiente: «Estábamos presas para todo. Nos hacía falta la autorización del marido hasta para abrir una cuenta del banco. Y hasta para viajar, para trabajar o para apuntar a los niños al colegio».

Ella sabe de historia sin casi haber pisado la escuela, y me ha contado muchas veces que ya se reconoció el divorcio en la Primera República, aunque Franco lo abolió sin que prácticamente se pudiera poner en marcha. Puede identificar cómo la existencia de una ley del divorcio ya igualaba a la mujer respecto al hombre. «Un poquito», matiza. Sin embargo, nunca llegó a dar el paso. Sus prioridades eran continuar con la formación de una familia que ya había construido y evitar la presión social. Sintió que no debía renunciar al futuro empobrecimiento por sus escasas posibilidades laborales y temía el rechazo de sus hijos o el de la propia familia.

Si bien es cierto que, ante la amenaza del divorcio, consensuaron una serie de medidas que siguen implementadas desde hace cuarenta años... Y se siente feliz, al menos, por haber conquistado otras libertades desde que empezó en el Hogar del pensionista. Este espacio le ha permitido apuntarse a todos los viajes y a conocer a mucha gente.

Le he preguntado si se arrepiente de no haber dado el gran paso de su vida, y me asegura que solo si se tratara de este mismo momento lo haría. Por entonces, a pesar de encontrarse con cierta libertad, se sintió condenada a seguir cumpliendo con su deber de esposa ante los ojos de una sociedad muy machista y una familia que solo esperaba de ella a la mujer y madre perfectas.

¿HACEMOS UN CORTO EN LA FERRE?

Uno de los momentos más divertidos de la ferre fue cuando creamos el corto *Sin género de dudas*. Mis amigas del Aula de la Experiencia del pueblo no dudaron ni un segundo de la propuesta de participar en un corto para la campaña de Navidad. Lo compartiríamos a través de las redes sociales, donde, desde hace ya varios años, difundimos una gran cantidad de artículos y posts sobre nuestra empresa.

A Marisol, Cari, Rosi, Tere y Chelo, junto a otras, las había conocido poco antes en un taller de género muy enriquecedor que comenzamos juntas. Ellas podían ser perfectamente mis abuelas, y tenían una conciencia sobre la importancia de la igualdad impresionante. Así lo demostraron durante las clases del taller y más aún cuando les propuse hacer un corto eliminando roles y estereotipos de género.

Marisol propuso ser la pareja de Tere y buscar un maletín de herramientas que pudieran usar durante la independencia. ¿Por qué un par de mujeres no sería capaz de realizar todo el bricolaje de la casa?

Cari quiso comprar un perol para que su marido hiciera las mejores tortillas, eliminando así las barreras de género en torno a las tareas culinarias.

Chelo propuso adquirir una cafetera para su hijo, al que le diría que la independencia consiste también en ser autosuficiente y en gestionar la alimentación sin los *tuppers* y sin los desayunos de mamá.

Y Rosi vino por el trompo que siempre había querido tener para poner sus cuadros.

Todas esas ideas habían emanado de lo que cada una pudo pensar que deseaba transmitir con su participación en el corto.

Ya me hacía una idea de sus reflexiones y su posición referente al mundo que se nos ha presentado a todas. Una de ellas, una vez, había explicado que todas las personas vivíamos encerradas en una especie de jaula: una azul y otra rosa. Respectivamente, los colores que nos han pertenecido a los unos y a las otras. De tal modo que los atributos que nos ha ido otorgando la sociedad nos han ido reprimiendo igualmente, aunque nos haya situado de una forma distinta en la vida. Tal vez, de manera privilegiada a ellos y en una profunda desigualdad a nosotras. Pero, igualmente, ambos tenemos que liberarnos de esas cadenas impuestas, que, si lográsemos romper, nos harían sentir mucho más felices.

Ellas saben bien de qué va el mundo de las mariposas y son conscientes de que volando libres es como conquistaremos la felicidad.

HÁZMELO LLEGAR COMO PUEDAS

Mensualmente, sin que lleguen a ponerse de acuerdo, vienen a la ferre dos mujeres de armas tomar. No es que sean más que cualquiera, pero parece que despegarse del suelo o romper algún techo las hace distintas. Ellas comparten tantas cosas… Como exigir la prisa. Siempre vienen corriendo.

Ambas tienen tanto en común que es sorprendente cómo aún no han podido coincidir ni conocerse en esta vida. Ni siquiera en la ferre. Y eso que son naturales del pueblo. Puede que ambas estén tan absorbidas por sus vidas que no hayan tenido tiempo ni de encontrarse.

A veces, me dejan una lista hecha en el teléfono, y soy yo la que tiene que ir deprisa y corriendo a llevarles el pedido a sus casas. Nunca suelo encontrarme con ellas. El recado siempre queda para las que amparan la gestión de esos cuidados que se supone les pertenecen, mientras ellas están desarrollando todas sus capacidades en trabajos bien distintos, pero de máxima responsabilidad. Ambas han hecho la misma apuesta por su carrera profesional. Otra cosa más en común.

Como vengo comentando, siempre hemos tenido un papel tradicional en nuestras casas. Y cuando hemos desarrollado nuestra profesión, nos hemos topado con otro nuevo condicionante: el techo de cristal. Esta es la nueva situación de desigualdad que enfrentamos en el mercado de trabajo y en otros ámbitos que acaban perjudicándonos profesional y personalmente. Nos resulta difícil alcanzar puestos de dirección y, si lo hacemos, son numerosas las trabas que encontramos. En todo ello hay algo mucho más complejo y se refiere a la empatía y comprensión de otras personas ante nuestras decisiones, cuando anteponemos nuestra realización personal a maternar o limpiar la casa. Por eso los mayores obstáculos son permanentemente los estereotipos y los prejuicios que tenemos por destruir. Sobre todo, desde la cultura y la educación.

Las normas sociales nos imponen tantas responsabilidades domésticas que no nos permiten tener la misma igualdad de oportunidades cuando deseamos apostar por el crecimiento laboral o una meta personal. Posiblemente por ello, ellas son personas bastante criticadas por la mirada ajena. Priorizan sus trabajos, pero para parte de la sociedad esto es inconcebible, pues ambas comparten también lo de haber creado una familia numerosa.

Marilyn Loden pronunció el techo de cristal en una mesa sobre las aspiraciones de las mujeres, en 1978. Este concepto es una metáfora sobre la dificultad de las mujeres para crecer y ascender laboralmente hablando. La brecha salarial, la desigualdad en el número de puestos de responsabilidad, el desequilibrio en el reparto del cuidado de los hijos y las tareas del hogar son solo algunos de los fundamentos del denominado techo de cristal.

Cuando he participado en alguna conferencia, siempre hemos hecho autocrítica y reflexionado todas si son barreras culturales o personales. Ha sido siempre concluyente que el problema no está en nosotras, sino en el sistema. Al decir que se trata de un techo de cristal, simbolizamos esas cuestiones culturales, sociales y económicas que disimuladamente no son fáciles de detectar y cuesta romperlas.

Asimismo, lo podemos aplicar a otros colectivos que, por motivos de etnia, religión u orientación sexual, por ejemplo, ven obstruidas sus posibilidades laborales. Y nosotras somos parte de ese cambio cultural hacia una sociedad más justa, ya que tratamos de educar evitando los estigmas que nos han sido atribuidos para desarrollarnos, llegamos a asumir en consonancia nuestro liderazgo, y somos positivas porque ellas son el ejemplo de haber logrado esos cambios.

Por encima de la opinión de muchas personas, que también están en el camino de comprender y erradicar esas trabas, entendiendo que las primeras limitaciones están en casa y hay que equilibrar las cargas de cuidados. Y, muy especialmente, reflexionar sobre el concepto de trabajo.

Creo que cada mujer y cada persona es diferente, y su relación con la carrera profesional también lo es, por supuesto. No podemos utilizarla como un arma de doble filo. Es lícito desarrollarnos profesionalmente o dar prioridad a esas capacidades en un ámbito que nos mantiene vivas y realizables. Por encima de cuidar, maternar y amar a la familia.

EL TOLDO PARA CHIPIONA

Ella es la estrella de la compañía de mi ferre. Su paso por la vida no ha dejado a nadie indiferente. Enviudó muy pronto... aunque su marido y ella tuvieron el tiempo justo para formar una gran familia. Criaron a muchos niños pequeños, que quedaron huérfanos. Entre ellos, varios con una discapacidad degenerativa y genética que siguen padeciendo... y contando en la vida. Ella, la estrella de la compañía, a sus casi ochenta años, continúa cuidando a todos ellos en su casa.

Cuando viene a vernos, siempre recuerda con nostalgia tantos momentos que compartió con mi abuela. Sigue emocionándose al poner en valor una amistad tan viva y especial como la que mantienen desde hace tantos años.

Me encanta esa anécdota que recuerda como si fuera ayer y de una forma recurrente. Se trata de aquella noche en que estuvo acompañando los dolores de parto de mi abuela sin soltar su mano, acudiendo cuando más la necesitaba como la gran amiga que era y continúa siendo. Mi abuelo estaba entonces en la mili, y ella estuvo al lado de mi abuela todo el tiempo.

Nos ha dejado más de una lágrima cuando ha venido a por sus compras. Suele acudir, sobre todo, en verano para contar con nuestra ayuda y con productos para preparar su casa de la playa en Chipiona. Probablemente, sea la época del año en la que pueda encontrar su mayor alivio, un poco de sosiego y libertad para ella. Y por supuesto, para sus «niños», como suele llamarlos.

Jamás he escuchado una queja, si acaso algunos lamentos por su suerte... Siente que lleva toda la vida haciendo exactamente lo mismo y le apena pensarlo así cuando considera un privilegio, al mismo tiempo, todos esos hijos que ha parido y sigue cuidando como si no le pesara manejarlos y prepararlos cada día, aunque la edad pese un poco más de lo que quisiera. Si bien existe una red de cuidados muy importante en casa entre los hijos sin esa discapacidad y las familiares que la llevan acompañando toda la vida, como su hermana y su cuñada. Sin embargo, como ella recalca, también cuidar a tiempo completo es algo muy solitario cuando las puertas de la casa se cierran, y casi no puede pegar ojo, sufriendo cuando todos duermen por si sus niños la necesitarán aún más.

Cuando llega por la ferre, me pregunto siempre lo mismo. Ella, como otras tantas, me invita a reflexionar sobre quién cuida a quien cuida. Exactamente todos esos cuidados no profesionales que se han ido mencionando recaen, en el noventa por ciento de la veces, en las mujeres, acarreando consecuencias como el agotamiento, la carga mental, el estrés emocional o la falta de tiempo personal. Además, todo ello lo compaginan con sus vidas de forma indefinida, por lo que no existe una vida propia para ninguna. Es una lucha invisible en la que la sociedad pocas veces se pregunta por qué lo tienen que asumir ellas con exclusividad. A cambio, solo muestran compasión por ese destino.

No se piensa ni un segundo en la soledad de quienes cuidan... Apenas se preguntan por qué esa dedicación absoluta la asumen mayoritariamente las mujeres... Y pienso que, aunque haya mucha gente alrededor, nadie llega a comprenderlas. Estoy segura de que son muchas, como ella, las que se sienten solas ante una lucha diaria tan invisible. A veces, es más llevadera si la compartes con otras personas que atraviesan la misma experiencia.

Una vez más, se aprecia cómo históricamente las mujeres han tenido una relación estrecha con el cuidado en distintas formas.

A lo largo de la historia se han dedicado y encargado del cuidado de la familia, así como de las personas enfermas. Y hubo un tiempo en el que incluso las señalaron como brujas simplemente por transmitir saberes ancestrales acerca de conocimientos medicinales. Actualmente, estos cuidados son asumidos por la sociedad como parte fundamental del rol que las mujeres deben realizar en el hogar, repercutiendo en acciones necesarias para asegurar el bienestar de toda la familia.

Esta realidad se reproduce siempre por el modo en que hemos sido socializados mujeres y hombres. La familia enseña que el principal rol de la mujer es cuidar de su familia, así como el cumplimiento de las tareas domésticas, teniendo como meta la ayuda permanente y la responsabilidad de mantenerlos saludables, ayudarlos a recuperarse de enfermedades, entre otras cuestiones. Esta acción del cuidado se configura en atención diaria, entrega emocional, psíquica y física, por lo que muchas mujeres se ven obligadas a desincorporarse del trabajo remunerado para realizar el cuidado de sus familiares enfermos o discapacitados.

Esta labor en el hogar no es remunerada, ya que la sociedad lo ha determinado como una función intrínseca a las mujeres. Vuelven a participar de todo ello los estereotipos de género que encajan en nuestros valores, opiniones y experiencias, lo que configura la idea (subjetiva y construida por la propia sociedad) de mantener invisible el trabajo de las mujeres. La invisibilidad de los aportes sociales que implica este trabajo no pagados afecta a la distribución de recursos, repercutiendo en la pobreza de las mujeres, que ven limitadas sus aspiraciones personales, la oportunidad de relacionarse y vivir sus vidas en pleno derecho.

En general, el patrón es que una hija cuide de una madre, y la esposa cuide al esposo adulto o anciano dependiente, y únicamente cuando esta última está incapacitada para otorgar cuidados, cuando ella misma lo requiere, será una hija quien la reemplace. Estas autoexigencias de tiempo y esfuerzo las llevan a cabo cumpliendo una doble o incluso triple jornada de trabajo, y hacen que todas ellas se consideren indispensables para atender a toda la sociedad.

Seres de luz como mi estrellita son mujeres encargadas de la salud en el entorno familiar, realizando cuidados preventivos en el espacio del hogar y también fuera del él. Son, sin duda, la mayoría, acompañantes en las consultas médicas y hospitalizaciones. Si nos paseamos por hospitales, se puede observar que las madres son en mayor medida las que asumen la hospitalización con sus hijos e hijas, donde está implícito el apoyo afectivo, así como el mantenimiento de la higiene del espacio.

Además, en algunos estudios se constata que los hombres que tienen dependientes a su cargo reciben más ayuda de otros miembros de su familia. La sociedad asume como tradición que la mujer es la cuidadora abnegada que posterga sus necesidades en aras del bienestar de sus dependientes.

Y si no fuera suficiente, si ellas se apartan por un momento para atender alguna situación particular de su intimidad, aparece un sentimiento de culpa enorme… El valor del tiempo personal ya no les pertenece. El estereotipo de la persona cuidadora no remunerada es ambivalente e injusto. Si su entrega es incondicional, es de lucha o es invisible. Si, al contrario, pide reconocimiento y apoyo, siente que «se queja». No premiamos ni apostamos por visibilizar el trabajo de cuidados. En algunos casos, lo definimos como una virtud que solo pueden tener consigo algunas personas que, como mi estrella, «estaba preparada para asumir esas injusticias de la vida». Porque así es también como escurrimos muchas veces el bulto.

Sin embargo, el cuidado debe ser una actividad visible, valorada y compartida. Todo el mundo tiene derecho a ser cuidado y a cuidar: con dignidad, con recursos, con una red de apoyo que sea visible, institucional, por supuesto, que involucre a centros de trabajo y empresas y que no descanse injustamente y en exclusividad en mujeres cuyos derechos violamos a diario al delegarles la tarea de cuidarnos a costa de su tiempo libre, su desarrollo profesional y personal.

La revolución de los cuidados debe ser solidaria y compartida. Podríamos echar una mano a esas personas cuidadoras, preguntarles qué necesitan y, en su caso, prestar parte de nuestro tiempo, aunque sea para que tomen el aire unas horas y desconecten al menos de ese tiempo que ya nunca más les pertenecerá.

UNAS SABANITAS *PA* MIS NIÑAS

Me encanta esta familia que siempre aparece por las puertas de la ferretería. Todas ellas llegan en una especie de manada o clan familiar, respaldadas por la más mayor. Esa abuela que va «a servir» desde hace más de cuarenta años, como ella misma cuenta. Se dirige cada día en dirección a la gran ciudad en el primer autobús de las 6:45 de la mañana. Ha establecido un vínculo tan fuerte con la familia a la que cuida que es incapaz de jubilarse o dejarlos sin sus guisos tan ricos. Se siente tan responsable de ese trabajo a jornada completa que llamo cuidados que, cuando llega a casa, continúa practicándolo junto a su hija y sus nietas, con las que vive en la misma casa.

Ella suele comprarlo todo en nuestro negocio. Si no tenemos ese producto porque, en ocasiones, no es de nuestra competencia, ella nos encarga que logremos adquirirlo como sea, hasta para revendérselo si hace falta. Es de esas clientas que han depositado su confianza de una forma incondicional y son tan leales que no hacen por ver cómo anda el mercado en otros lugares o buscar otras variedades de vajillas, microondas o lo que surja en cualquier lugar.

Su producto favorito son las sábanas. Siempre se adelanta a la temporada con un nuevo encargo, y disfruta reponiendo los nuevos diseños en las camitas de toda su gente. De Sevilla y de su casa.

Cuando viene, me fijo en algo que la hace diferente. La recuerdo vestida siempre de negro. Es como si hubiera evolucionado todo, incluso en la ferre y con ella, menos ese color que la acompaña.

La verdad es que ya el negro casi no existe tras la muerte o para llevar a cabo un largo duelo. El negro simboliza el luto y muchas mujeres como ella han pasado toda su vida vestidas de negro, viviendo una vida sin color, en la más profunda oscuridad, ejerciendo un luto perenne. La moral o el juicio social son las causas que suelen llevar al negro desde antaño. Y es totalmente respetable, pero probablemente muy pocas veces nos hemos preguntado por qué se usa. Ni siquiera ella es capaz de plantearse su lealtad a la simbología del color.

De hecho, mi abuela suele conversar acerca de este tema con ella, porque cada vez que la ve recuerda algún tiempo que empleó el negro cuando una muerte golpeaba a su familia. Y cómo dejó de utilizarlo porque, en realidad, lo que se queda en vida es lo que damos durante ese presente. Sin embargo, para esta matriarca ese color morirá junto a ella.

Mi abuela se arrepiente de haberlo llevado en alguna ocasión. Por eso le planteó a nuestra protagonista: «¿No has pensado alguna vez que solo somos nosotras las que vivimos en negro?». Y ella le respondió: «Ya lo sé, Encarnita, pero a mí es lo que me enseñaron».

Mi abuela también fue de las que creyó durante un tiempo que sufriría más la muerte, o que su dolor sería más real, si consigo llevaba el negro al fallecer mi abuelo. Al poco tiempo, se pasó a los colores, huyendo de las sombras. Y hasta comenzó una relación sentimental con su compañero, con quien lleva más de diez años.

Cuando ambas se encuentran, son como primas inseparables que comparten temas profundos y debates muy interesantes, como aquel día que vino por las sábanas de sus niñas y hablaron del luto.

Yo también pienso que el negro es algo que solo se nos ha impuesto a nosotras. Igual que la construcción social en torno a ese «pecado mortal» que es rehacer nuestras vidas o, simplemente, el hecho de desayunar en una cafetería tras enviudar. Mi abuela, como yo, vemos el luto como una renuncia a los placeres de la vida… No concebimos que se entienda que vestir de colores tras una muerte cercana signifique exponerse o que no te duele la pérdida.

Estoy segura de que su prima tampoco haría un duelo así si comprendiera estos tiempos que corren. Ha llegado a admitir que la pérdida ya no debería impedirnos rehacer nuestras vidas, sin embargo, cree que no debe faltar a esa costumbre de llevar el luto en la ropa.

A nosotras no nos faltará su visita a por las sabanitas *pa* sus niñas.

DAME UN D'ESO PA ESO

Ella es de esas clientas que dieron vida a la ferre aquel día de su inauguración. Aquel bendito día de la resaca de feria. Cada vez que viene, se producen la risa y el llanto casi simultáneamente. Porque con la risa llega el llanto, retroalimentándose. Su forma de expresarse tan peculiar cuando quiere pedirte algo ya de por sí la hace un ser especial. Siempre quiere *un d'eso pa eso*, o *aquello d'eso que ahora no me sale pa eso otro que tú me entiende*.

Cuando pienso en ella, recuerdo la anécdota del día que tuve que ir hasta su casa para ponerle los avíos de las gomas de riego porque era incapaz de atinar con todos esos cacharros, como ella los llama. Al llegar, me dijo: «De lo que veas hoy no cuentes nada». Ella parecía que estaba cometiendo un delito, sin ser consciente entonces de que estaba realizando el mayor acto de amor por un hijo. Resulta que su niño había estado un tiempo rehabilitándose junto a su pareja fuera del pueblo... Su pareja tenía un hijo, que quedaría desamparado durante el tiempo de rehabilitación. Ella no se lo pensó. Acogió a ese niño, que apenas conocía, y lo cuidó como una abuela, dándole el amor y el tiempo que otros familiares no podían darle por la distancia.

Ella no quería ocultarlo porque se avergonzara ni mucho menos. Ella tenía que guardar decoro ante las habladurías y poder prepararse para gestionar cómo afrontar una nueva recaída en la que ahora tocaba ser mucho más fuerte. Tenía la responsabilidad más grande de su vida en su hogar.

Cuando llegué, el niño estaba comiéndose una tostada y parecía muy feliz de estar con esa abuela que, sin serlo de sangre, se convertiría en una persona muy especial para su vida desde aquel momento. Me emocionó mucho el gesto de mi clienta, que, como otras tantas, también cargan con las mochilas que no les pertenecen... Porque, como dicen, «¿has visto tú lo que tiene que hacer una madre?».

Si revisamos la historia social de la humanidad, observamos que la maternidad también es el resultado de unas construcciones sociales conforme a las necesidades y exigencias del contexto histórico. En uno de los momentos de la humanidad como fue el de la esclavización masiva, la maternidad era la garantía de la perpetuación del modelo esclavista. Los griegos también utilizaban la maternidad como herramienta de guerra y cosificaban a las mujeres como seres servibles solo para parir hijos para la guerra e hijas para los prostíbulos y para parir más hijos para la guerra. Luego, con la revolución industrial y el capitalismo, las mujeres se veían como encargadas de los hijos e hijas en casa, mientras los hombres eran quienes acumulaban el capital y rediseñaban una nueva sociedad.

Mientras ellas son vistas como seres de luz que están en el hogar cuidando la familia, en una esfera privada, ellos están desarrollándose en un mundo competitivo en la esfera pública.

La sociedad y la iglesia fomentan una imagen angelical y perfecta de las madres, que en realidad es una forma de ejercer violencia, porque las madres sufren en silencio sin expresarse y se desarrollan en torno a un amor incondicional que no les permite hacer lo contrario que lo que los hijos, los maridos y la sociedad les demandan. No se les ha permitido quejarse ni arrepentirse de la maternidad. Ese ideal tan peligroso ha legitimado la violencia de género en tanto que nos han ubicado en un binomio social mediante el cual los hombres son proveedores de riquezas y sin responsabilidades en la crianza o el hogar, y ellas solo están cuidando desde casa.

En base a esto, las madres siempre se han desvivido por cuidar la casa y la familia; y cuando nunca han trabajado de forma remunerada, las hemos llamado «mantenidas». Digamos que su trabajo doméstico no es valorado porque, para la sociedad, sus quehaceres no son un trabajo, sino una función natural o un acto de amor... en el que jamás se ha tenido en cuenta el desgaste personal de las madres. Pienso que el trabajo altruista de los cuidados tiene una utilidad social que se ha configurado como uno de los mejores secretos guardados de la civilización.

Esa ley natural por la que las madres se relacionan con sus hijos y la familia las hace ser incondicionales para resolver nuestros problemas. Solo aceptamos a las madres como seres abnegados, a las que exigimos su entrega absoluta, llegando en ocasiones a obviar sus sueños, metas o vida propia.

También es cierto que las madres reproducen, asimismo, la desigualdad y un sistema patriarcal, en el que enseñamos a los hijos a que tienen que trabajar y a las hijas, el deber de la familia y la casa. Hemos criado a las hijas como la representación perfecta de esas madres futuras que perpetuarán su rol como un ángel de la casa, un ser de luz en el que ampararnos todas las personas.

La protagonista de esta historia es una madre que, como otras, sabe que es agotador vivir así. Y lucha constantemente para sobreponer sus deseos a los de los demás, aunque el último episodio la ha condenado a vivir en un calvario. Porque ella ha asumido cuidar a esa personita mientras su niño se cura. Pero valientemente le ha cerrado las puertas a ese niño mayor porque se ha cansado de salvarlo. Ahora lucha con un peso insoportable, temiendo a una sociedad que le recuerde todo lo que debe hacer una madre. Sin embargo, ya no reprime sus deseos, ya no es lo que se esperaba de ella... Es una mala madre, una madre que ha sabido poner límites aunque le duela. Porque el amor desmedido por los suyos estará perenne, aunque haya iniciado la revolución de guiarse por sus deseos y su bienestar. Porque ella también se suma a las reivindicaciones y se desmarca de esa conciencia que nos ha generado la vida sistemáticamente, haciéndonos las únicas responsables de los cuidados y los hijos.

¿LLEGARON LOS HULES?

La clienta a la que popularmente definen como «la más feliz desde que enviudó» es la primera en venir a por su hule nuevo.

Ella piensa que ha cumplido su luto antes de la pérdida. Su estación de penitencia ha durado lo que su matrimonio. Ese que ha terminado con la muerte de su marido. Ha sido maltratada diariamente, a base de golpes físicos y otros que pocos han percibido, como una vida privada de libertad. Presa por la crianza de los niños, por el cuidado de la casa y por cumplir con el mandato de la mejor esposa sin rechistar. Ahora que ya se cumple casi una década de su viudez, ella presume de ser libre y ha logrado rehacer su vida... Pero no como todo el mundo piensa, con alguien. Primero, consigo y, luego, con su compañero de vida, con quien complementa la nueva vida que empezó. Lo que sería impensable en su mente se ha convertido en una realidad que se manifiesta con una sonrisa infinita que ya más nunca podrán borrar.

No le temió a la vida cuando se quedó sola. Emprendió un nuevo libro en blanco y comenzó a trabajar en su nuevo proyecto de vida. Empezó por un empleo asalariado en la calle, que compaginó con una nueva imagen. Ya no paseaba ojeras ni tristeza. Se colocó una sonrisa tan grande como el mar, tan brillante como el sol... Comenzó a salir y a viajar, empezó a ilusionarse por vivir.

Es la amante de los hules. Siempre permanece expectante a la nueva colección, adquiriendo la primera el nuevo hule que nos llega a la ferre. Cuando viene a vernos, se toma su tiempo en charlar con nosotras y en compartir sus anécdotas y vivencias. Se lamenta que no hubiera sido antes todo lo que está viviendo ahora... Aunque no llega a los cincuenta, asegura que le ha faltado tiempo para vivir otras cosas.

Recuerdo un día que llegó a la ferre y estábamos en campaña electoral. Me hizo mucha gracia cuando expuso: «Toda la vida exigiéndonos estar con la misma persona y tal vez sería interesante poder votar cada cuatro años si queremos seguir como pareja o podemos cambiarnos por otras personas».

Realmente pienso que en la actualidad tenemos ese permiso concedido, al fin, para poder conocer a diferentes personas en nuestras vidas sin dudar lo que cada una de ellas nos pueda aportar, y aparcando el prejuicio social que ya hace algo de menos ruido. A pesar de hablar de un amor infinito, percibimos solo finitamente a las personas. ¿Es que no podemos amar a tantas personas como conozcamos? ¿Solo hay un único amor en la vida? ¿Es necesario aguantar y sacrificarse por una misma persona incluso cuando nos denigra como personas y hasta nos maltrata?

El verdadero amor es un mito. Una construcción social más que hemos perpetuado y creído desde nuestra infancia, intentando ponerla en práctica en la vida real, constantemente, en este patriarcado sin límites que también nos ha dicho cómo relacionarnos. Los libros de amor romántico también siguen ese patrón, y es un producto cultural con un arraigo importante en las sociedades machistas. Ese amor lleno de estereotipos genera un dolor enorme, porque la realidad siempre difiere de lo que nos han contado. A veces, nos envuelve en un permanente vacío por lo distinto que es nuestro deseo en comparación a la realidad que tenemos que vivir. Además, olvidamos que en el amor es importante nuestra voluntad, y esta no siempre es la misma. Especialmente a las mujeres se nos ha privado de una voluntad, de un deseo... Mientras ellos han estado en constante dominio.

Aunque existen relaciones duraderas en el tiempo, no necesariamente deben ser para toda la vida. El amor es un compromiso y no tiene que ver con lo que ponemos en práctica cuando queremos controlar, manipular...

Ella ha aprendido, como yo, que el amor real es sano y no consiste en ninguna atadura. Cuando me habló de la responsabilidad compartida que mantenía con su actual pareja por hablar de lo que les pasa y tratarse bien, entendí que el amor bueno existe y hay personas capaces de comunicar sus necesidades y reescribir la historia de un amor auténtico. Un amor saludable de los que llenan el alma y empoderan los vínculos.

Con ella aprendí, mucho antes de comenzar mi propia relación, que romper con el mito de la mujer incapaz por sí misma y necesitada de una compañía me haría más libre. Primero, tenemos que conocer y reconocer nuestras capacidades, definiendo nuestra identidad propia. Luego, comprender que el amor es un compromiso en el que cada persona tiene sus propias diferencias y, por tanto, tienen que encontrar un consenso desde la comunicación y desde lo que quieren para sí mismos. Y, cómo no, tenemos que establecer alianzas y sororidad entre nosotras para transformar las relaciones de género y luchar contra un sistema que nos ha situado de forma desigual respecto a nuestros compañeros, con los que también tenemos que aprender a amar sanamente, libres de estereotipos que nos opriman y fragmenten como personas, limitándonos o condicionando nuestra libertad propia.

Hasta ahora no he mencionado apenas la palabra violencia. Pero existe, sobre todo cuando se trata del conjunto de acciones que sistemáticamente menoscaban la dignidad y la integridad física y mental de las mujeres, niñas y personas con una identidad de género diferente a la normativa. Es una violencia estructural, presente en todas las sociedades y ámbitos de la vida, aunque se encuentra en diferentes niveles y mediante distintos mecanismos que dependen de razones como la clase o la etnia. La violencia machista expresa la desigualdad que nos impone el patriarcado desde tres ámbitos: es simbólica, porque genera unos prejuicios y un ideario; es estructural, con todas las instituciones que garantizan la discriminación; y es material, en todas sus expresiones de violencia directa. Refuerza, legitima y reproduce la supremacía de lo masculino sobre lo femenino y sobre las identidades no circunscritas en ambas categorías.

La más extendida es la del espacio privado, y está totalmente invisibilizada, si bien existen diferentes esfuerzos para afrontarla y saberla identificar. Ocurre dentro de la familia o dentro de una relación afectiva, y toma la forma de violencia física, psicológica, económica, laboral y/o sexual.

Es escalofriante que alguien con quien vas a comprarte tu casa o te dice que te quiere te vaya a matar. También es escalofriante que se niegue esta barbarie y se diga «ni machismo ni feminismo». No existe un centro igualitario. Existe la opresión, el odio y la discriminación que parte desde el machismo, y existe la liberación y la reclamación de la igualdad desde el feminismo. Es tramposo cuando presentamos ambos conceptos como extremos y olvidamos que el feminismo no trata de violar, acosar, quitarles el trabajo, matar, rebajar el sueldo... El feminismo salva porque libera. Nos libera a las unas y a los otros. Que se lo digan a nuestra apasionada de los hules.

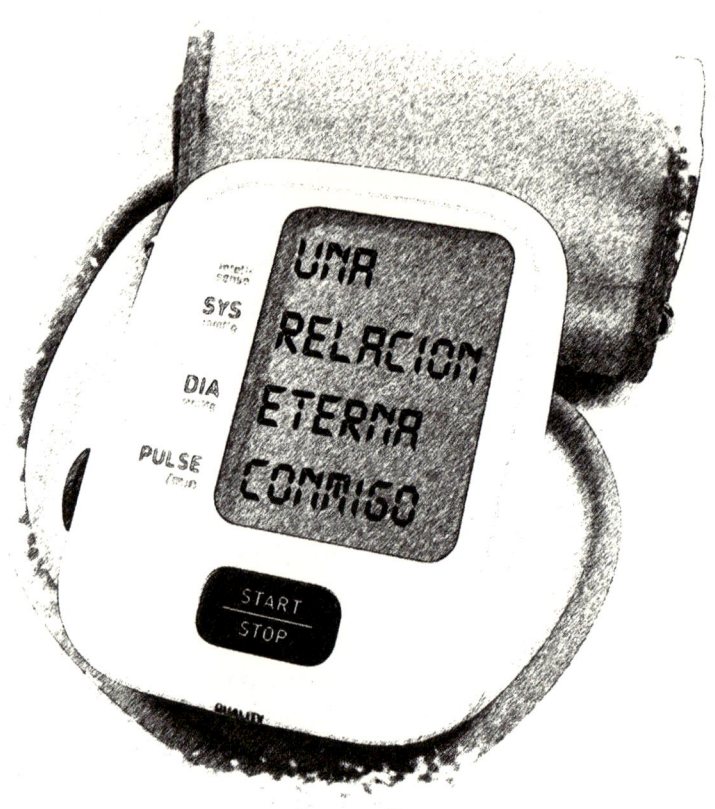

LAS PILAS *PA* LA TENSIÓN

Esta es la historia del carbonero que se pasó toda su vida soltero y cuidando de su madre. Actualmente, viene a la ferretería a por las pilas del aparato de la tensión y para que se las coloquemos en su mecanismo. A veces, también son para su radio. Ya pocos quedan de los que escuchan la radio pegada a la oreja...

Siempre ha sido un cliente muy presente en la historia de la ferre. Yo le tengo guardado unos caramelos de miel o limón para él, que recoge con mucha ilusión, y otras lo espera como un bonito ritual, como él dice. Siempre he tenido cierta empatía hacia su persona y me he sentido muy conectada a todo lo que me ha ido contando acerca de su vida. No concibo mi día a día sin entablar vínculos y poder conocer lo que hay tras cada persona que viene a la ferre. Al final, son las personas con las que comparto mi día a día y para mí es muy importante dedicarles tiempo a todas ellas.

Me fascinó el día en que me contó que fue carbonero en su empresa familiar, y que gran parte de su vida la dedicó a cuidar de su madre. Apenas encontró el tiempo para vivir su vida y poder realizar sus sueños, y es algo a lo que siempre se acostumbró porque llegó a asimilar que así sería siempre... ya que era lo único que tenía su madre.

El carbonero representa para mí la Rosita de Federico García Lorca. Para todas las personas, enamorarse debe ser una experiencia fundamental que vivir en la vida, aunque sea una vez. El amor como una experiencia romántica es algo que aprendemos que debe marcar nuestra vida, para garantizar la supervivencia. Ese amor es comprendido como una pasión o un sentimiento que ha sido descrito, estudiado y examinado por todas las ciencias. Sin embargo, existen personas como Rosita, que están en una condenada soltería. Digo condenada porque casi nadie se plantea que sea una elección libre. Aunque también lo es, por supuesto.

El carbonero, como Rosita y otras muchas personas más, no es solo el reflejo de aquellas mujeres y hombres de los años treinta del siglo pasado, sino que aún en la actualidad persisten en el imaginario colectivo como seres menospreciados por su esterilidad, atrapados en un amor imposible o que no han dedicado tiempo a enamorarse.

Dependiendo de las culturas, existe un mayor o menor prejuicio social que mira al hombre y mujer-no-casados como fracasados y frustrados en su anhelo de una relación afectiva. Quizá porque estos no cumplen el rol biológico que les hemos destinado y/o bien porque se impone la creencia de que representan la ruptura de un *statu quo* establecido. Esta dialéctica entre la cultura y los individuos impregna la psicología de esta emoción. ¿Es acaso que hombres y mujeres solteros son una amenaza para los roles socialmente establecidos desde hace siglos?

A veces existen verdades íntimas que no se desvelarán y cada persona vive la vida que le ha tocado vivir. Unas veces, libre y, otras veces, condicionada. Mi carbonero tenía un amor inmenso que solo dedicó a su madre, y es de los pocos que entienden que cuidar y la responsabilidad afectiva también es cosa de hombres.

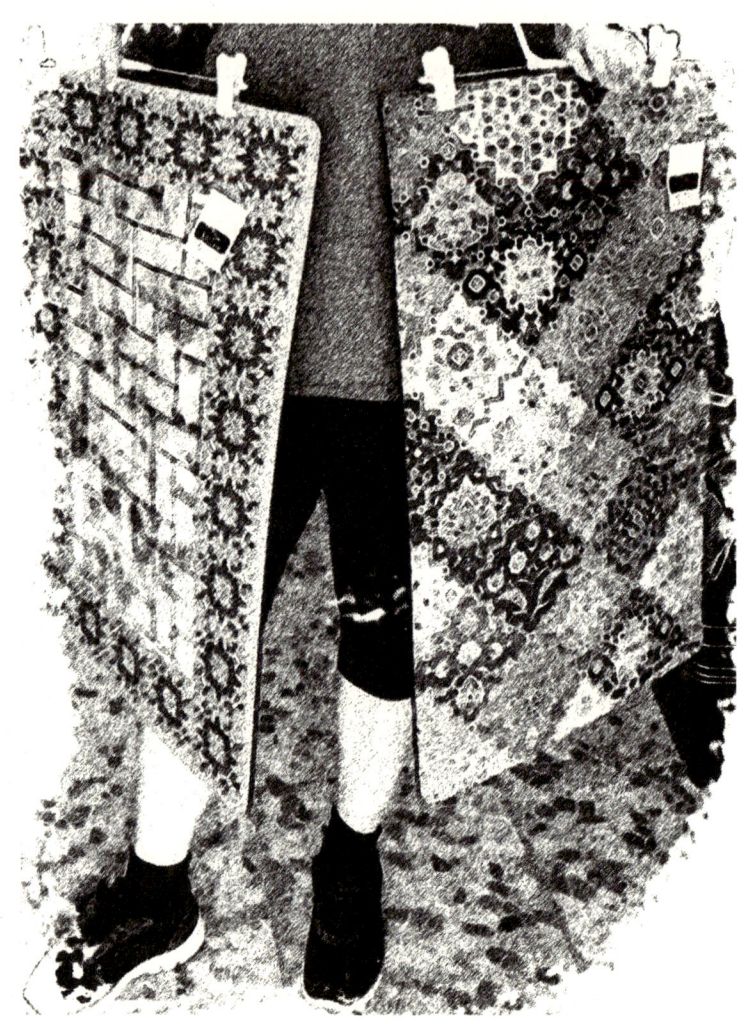

LAS ALFOMBRAS FANTASÍAS

Uno de los productos estrella de la ferre son las alfombras fantasía. Hay clientes y clientas que siempre esperan un nuevo modelo con el que hacer el cambio de temporada y de colores. Cuando pienso en las alfombras fantasía, rápidamente se me viene ella. Mucha gente dice que está loca. ¡Y qué coraje me da cuando tratamos así a quienes padecen algún problema de salud mental!

Existe una violencia oculta tras el consumo de psicofármacos y otras drogas. Y muy especialmente lo veo entre las mujeres. Puedo afirmar que conozco a muchas más mujeres que hombres medicalizadas por su salud mental o enfermedades como la fibromialgia, la menopausia u otros problemas de salud que padecemos nosotras y que están muy relacionados con nuestros sesgos de género.

Alguien como ella ha tenido que luchar contra antidepresivos toda la vida. Quien dice antidepresivos dice con las ganas de vivir. Solo ha aliviado su dolor el sueño y ha padecido una especie de violencia toda su vida como una mujer dormida. Hay días que amanece con fuerzas y se come el mundo; llega corriendo por una alfombra, una lata de pintura y una brochita. Siente el deseo de emprender una nueva jornada de cuidados, ya le apetece arremangarse las manos y coger su kit de limpieza. Siempre se queja de que le duelen las manos, que le pesa la vida sobre su espalda y el alma es como una luz tenue que no acaba de encenderse. Procura afrontar la vida como le viene, pero a veces prefiere echarse unas sábanas por encima.

Yo le pregunto: «¿Qué tal estás hoy?», y ella siempre agradece esa pregunta. Es consciente, como yo, de que nos hemos acostumbrado a vivir con prisas, sin detenernos en saber por los otros. Solo nos hablamos para favores, y hemos obviado la gran pregunta sobre cómo se siente los demás.

La gente no entiende que el estado de ella es una angustia constante donde no encuentra siempre respuesta para su dolencia. Por eso no solo le pregunto por sus dolencias. No puedo ignorar cómo se siente. Y justo en la pregunta sobre sus condiciones de vida y sus vivencias, ella empieza a expresarse y a sentirse escuchada. Mientras alivia su dolor y percibe cierto bienestar, puedo llegar a comprender el origen de su malestar. Nada alivia más que un abrazo y la empatía. Sin dudas, todo cambia cuando moldeamos nuestras actitudes con respecto a quien tenemos enfrente y reflexionamos sobre nuestra forma de relacionarnos con ellas.

Para lograr el bienestar de la vida de las mujeres, tenemos que trabajar en transmitir a las niñas y a los niños actitudes positivas ante la vida, estimular y ayudarlos a desarrollar sus capacidades y proyectos, a expresar sentimientos, a sentir que valen y son importantes, a ejercer sus derechos, a asumir responsabilidades y a resolver problemas y conflictos sin violencia. También debemos garantizar un reparto equitativo del trabajo doméstico, así como estimular y motivar a la participación social, de cara al futuro.

Encontrar el bienestar será el mejor fármaco para la salud mental.

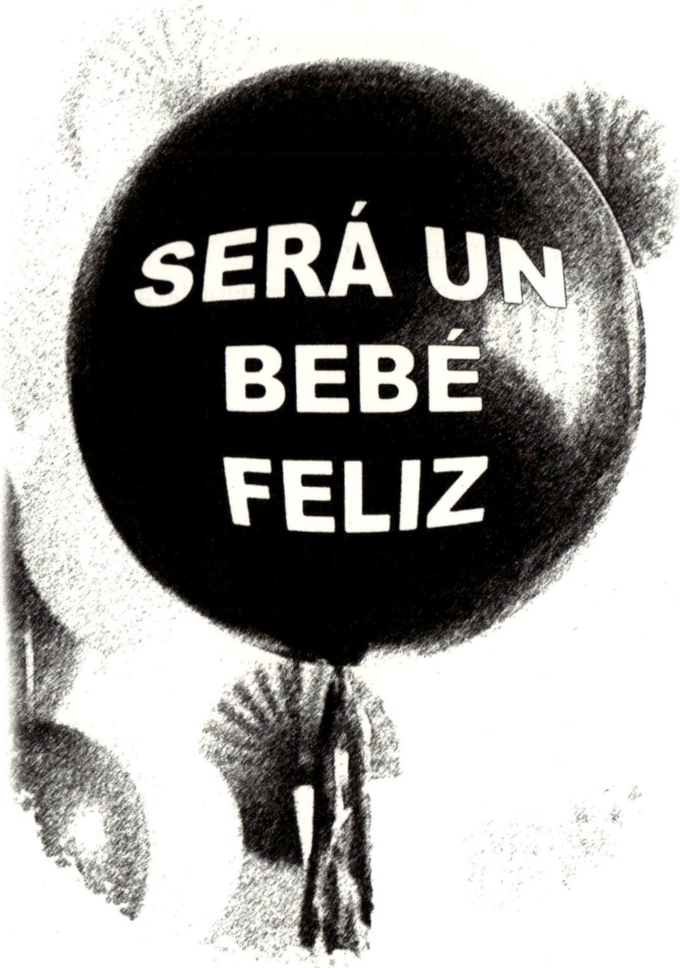
SERÁ UN
BEBÉ
FELIZ

GLOBOS DE COLORES

Uno de los días más significativos de la ferre fue aquel en que una pareja de jóvenes vino a buscar globos. Nos contaron que iban a organizar una *babyshower* para desvelar el sexo del futuro bebé. Dando por hecho que tenemos de todo, vinieron buscando globos rosas y azules. Evidentemente, no teníamos este artículo. Sin embargo, este pasaje me hizo reflexionar acerca de las fiestas sorpresa de revelación del sexo.

Recuerdo la primera aversión hacia las *babyshower* cuando se pusieron de moda aquellas fiestas llenas de motivos rosas y azules que las familias preparaban a la madre y al padre con la idea de descubrir el sexo del futuro bebé. No podemos negar que descubrir si es niño o niña siempre ha sido un momento emocionante entre las etapas del embarazo.

Primero, se comenzó a compartir este momento en la intimidad de consulta y en compañía del ginecólogo o ginecóloga. Y ahora, el creciente proceso de mercantilización de todas las fases relacionadas con la reproducción de la vida y el refuerzo de los roles de género ha generado la necesidad de hacerlo público y por todo lo alto. He llegado a ver vídeos en las redes en donde algunos padres o madres se han disgustado por el sexo del bebé. He visto caras que denotaban frustración, enfado... y otras totalmente opuestas.

Una de las cuestiones que más me preocupan es que se sigue utilizando el azul para ÉL y el rosa para ELLA. Esta forma de cosificar la identidad de género podría relacionarse con la perspectiva vinculada al factor biológico, es decir, el sexo. Así, cuando nace un individuo se le asigna un género «masculino o femenino», «hombre o mujer», de acuerdo con sus genitales. Esta diferenciación marca la forma en la que el adulto se relacionará con la nueva criaturita y las expectativas de desarrollo que tendrán hacia él o ella.

Lo que es de extrañar en una sociedad «avanzada» es que se siga empleando la diferenciación de los individuos, ahora incluso mucho antes de nacer. Además, el hecho de que los colores comiencen a ser distintivos, o que para la propia familia se empiecen a generar expectativas sobre la criatura, condicionará próximamente la vida y la identidad de la persona que está por llegar, sin que tenga el derecho de decidirlo por sí misma. Y, cómo no, condiciona que existan y se visibilicen otras identidades que no tienen que ver con lo masculino o lo femenino, tradicionalmente entendido. Recuerdo que existen las personas trans o las no binarias, entre otras identidades.

Ya Vygotsky, con la teoría sociocultural sobre cómo el entorno cultural influye en las primeras interacciones sociales y ayuda a crear la autoconciencia de la persona, advertía que en los primeros años de vida el entorno lo forman sus cuidadores, eje fundamental para el desarrollo de la identidad. Los progenitores ejercen las primeras diferencias en la tipificación de género: en este caso, en cuanto nos desvelan el sexo, comenzamos a mirar los pendientes para esa «niña» y se le prepara un todo al rosa. Por el contrario, cuando será un «niño», seleccionamos juguetes de «niños» y todo al azul.

Como decía, desde que nace un bebé, el entorno, la familia y las amistades empiezan a crear expectativas y conductas en él en función de si tiene pene o vulva. Desde la primera infancia, el bebé percibe estas asignaciones y roles de género y, a medida que crece, las va asimilando como propias. A lo largo de la historia se han ido construyendo unas normas alrededor de qué es ser hombre o mujer, que pueden ir desde la vestimenta, la forma de comportarse, el papel que deben asumir en la familia o hasta la profesión a la que deben aspirar. Estos roles se han justificado principalmente en las diferencias biológicas entre un cuerpo y otro, pero, afortunadamente, gracias a las luchas feministas, se han ido desmintiendo.

Se puede seguir dando la vuelta a la tortilla, de modo que se rompan con los roles y colores para plantear qué significa ser hombre o mujer y reflexionar sobre la libertad de las personas y su identidad. Ojalá nada condicione nuestra identidad ni ponga en dudas quiénes queremos ser en la vida y cómo queremos que nos vean. Escoge tu color. Sea cual sea.

PARA COMPRENDER

EL EMPODERAMIENTO COMO SEÑA DE IDENTIDAD

Como has podido comprobar hasta ahora, ferretería Encarnita alberga las historias de mucha gente. Y gran parte de la mía, como puedes hacerte una idea. Por eso no puedo olvidar que, muy especialmente, contiene la vida de quienes latimos dentro desde 1983. Ya lo hemos conseguido hasta tres generaciones muy distintas desde sus inicios. Nuestra vida en común comienza y se comparte en la conocidísima «Ferretería Encarnita» de la Calle Buenavista, en el municipio sevillano de Los Palacios y Villafranca. En estos cuarenta años, tres generaciones se han unido para dejar un legado que estoy segura transcenderá hacia la eternidad. Con fortaleza y determinación.

En estos años, hemos llevado las riendas de un trabajo propio en la ferretería familiar mientras ejecutábamos ese otro trabajo invisible del que nadie nos habló nunca. Ese que fue un deber asignado, sin elección. Una forma de implicarnos sin explicación, como a todas, en algo que siempre nos ha pertenecido. Por lo visto, tenía que ver con nuestra condición al nacer. Primero, bajo la premisa de nuestro sexo y, posteriormente, por la construcción del género en base a eso que tenemos entre las piernas. En concreto, este género femenino que nos pertenece y cuyos atributos han sido impuestos por una sociedad, manteniéndonos a la sombra. Sin dar visibilidad a nuestra aportación y/o a nuestros sueños.

El trabajo invisible y altruista que todas realizamos se conoce también como trabajo de cuidados. Cuidados que tienen que ver con nuestras familias y nuestras casas. Cuidados que van más allá de haber preparado el almuerzo en los fogones de la cocina de la trastienda de la ferretería o haber convertido este espacio en una guardería para muchas criaturitas como mi madre o como yo.

Podría mencionar otras como ir corriendo a nuestras casas a tender la lavadora o permitirnos salir de vez en cuando de nuestros trabajos, como acompañantes de la familia, a los centros de salud. Y hasta hemos podido recoger del colegio a las criaturitas de las vecinas si hacía falta. O recoger el coche del taller, arreglar algún papel o comprar en el mercado para alguien. O esos mandados que se hacen a Rosita en los repartos.

Cuidados y más cuidados que han sostenido tantas vidas aquí dentro, yendo más allá de sí misma y la propia familia. Por eso digo siempre que en nuestra profesión es difícil distinguir qué tareas son propias como autónomas de la empresa familiar y cuáles son las que ejecutamos como mujeres por imposición patriarcal... Y luego, aquellas otras que desarrollamos por compromiso y como un deber asignado a nuestro rol. Son tantos aspectos los que influyen en la jornada que nunca hemos tenido muy claro sí hemos cuidado más que despachado, o viceversa.

Esa función de cuidadoras que nos pertenece ha contribuido enormemente en el tipo de empresa que hemos desarrollado. Todo ha trascendido más allá de lo personal, priorizando la atención y el cariño con el que tratamos a la gente. Nada más y nada menos que durante cuarenta años.

Siempre hemos valorado lo que sienten y cuentan las personas. Por encima de un tornillo, un latón de pinturas o cualquier otra cosa que compren. Supongo que, por ello, tengo la sensación de que, más que un intercambio de productos, aquí se produce un intercambio de vivencias. Como un extra altruista e invisible que nadie hubiera imaginado. Y casi me olvido de contaros que esta profesión *cuantinaria* no la hemos elegido, en realidad, ninguna de las tres.

LA ABUELA ENCARNITA

Mi abuela Encarnita, junto a sus ocho hermanos, comenzó su primer trabajo en la marisma palaciega con apenas siete años. ¡Se emociona tanto al recordarlo! Cuenta que solo ganaban tres duros por un jornal de sol a sol. Y recuerda: «Solo se me veía el sombrero, porque estaba tan flaca que apenas se me veía de lejos, ni de cerca».

Siempre trabajó en la marisma o sirviendo a otras familias, hasta que tuvo que emigrar, con dieciocho años. Y recién *casá,* porque estaba embarazada de su primera hija. Así eran las cosas hasta el siglo pasado... Y quién sabe si ahora también.

El destino de mis abuelos fue Barcelona, como el de muchísimos andaluces y andaluzas.

Para mejorar la calidad de vida, había que optar a un mejor trabajo. Y luchar por un futuro digno significaba hacerlo lejos del pueblo. Este hecho podrá resonar en la actualidad en la juventud. Como si el tiempo nos hubiera atrapado en aquel momento de nuestros abuelos y no en el de nuestros padres. Ahora también toca marcharnos fuera de nuestros hogares andaluces.

Recuerda como si fuera ayer todas esas horas que pasaron en el tren desde el pueblo hasta la gran ciudad, llegando tan cansados que menos mal que tenían ya el alquiler averiguado y sus puestos de trabajo marchando a toda prisa. De modo que se adaptaron de inmediato, cada uno en su lugar: ella ejercería sirviendo en las casas y el abuelo, en la construcción. Todo previsto en relación a los roles de género y a los estereotipos que otorga un arcaico sistema patriarcal. Todavía vigente en la actualidad, aunque sea en menor medida.

De esa etapa de su vida resalta diferentes acontecimientos. Primero, que tras llevar dos años casados el abuelo tuvo que partir a Soria para hacer la mili, y ella volvió sola al pueblo. Tan sola que hasta los dolores de aquel parto los tuvo que compartir con una amiga y no con el padre de la criatura... Qué maravilla cuando una amiga nos cuida, otra mujer que nos ampara. Una mujer que nos salva. Esa sororidad que necesitamos para apoyarnos y cuidarnos.

Luego, al volver a Barcelona, con mucha más tristeza, ella enfermó del tifus. Estuvo a punto de morir. Lo superó y parió una niña enferma con la espina bífida que falleció a los pocos días. Se recompuso como pudo. Hoy es madre de sus tres hijos: Mari, Manolo y la pequeña Silvia.

En cuanto pudieron, compraron su casita soñada en el pueblo. Ese sueño inalcanzable de tantos jóvenes en la actualidad. Además de su casa, también gestionaron la compra del local que hoy es la ferretería.

El primer día de este negocio familiar coincidió con el día de resaca de la feria de farolillos de 1983. «Abrimos un día en que todo cerraba en el pueblo», me ha contado tantas veces mi abuela Encarnita... El recinto ferial estaba todavía en el barrio del *Plaíllo*, a escasos metros de donde habían comprado su casa.

Como dice mi abuela, lo menos pensado fue decantarse por una ferretería, aunque se convirtió desde el primer momento en una exitosa decisión. Mi abuela y su primera clienta, Mariquita Chato, conversan mucho acerca de ese momento. Mientras, recuerdan a otras vecinas, como Pepa la Buena, Antonia Tiraíta, Concha la Colina o La Ropiera, cuyas generaciones familiares siguen acudiendo y transmitiendo la importancia de confiar en esta ferretería singular.

La abuela Encarna me ha contado que realmente no sabían nada del mundo de las ferreterías. Por eso jamás olvida cómo emprendió una nueva etapa de su vida en el pueblo, en un negocio que ni eligió. No tenía ni idea de qué ofrecer desde este sector. Por esa razón lo primero que hizo fue buscar entre aquellas inolvidables *Páginas amarillas* algún contacto. Encontraría a aquel señor de «Herraduras», que le proporcionó algo de información telefónica y, luego, cuando pudo, se acercó personalmente para llevarle un libro que a mi abuela le resultó infumable... Sobre todo teniendo en cuenta que era «muy analfabeta». El buen señor le explicó lo más imprescindible y entre tanto ella ya se percataba de las cosas más útiles para el «desavío», por lo que también se convertiría en una enorme droguería. Cada día se fijaba en las cosas que veía de necesidad, y poco a poco, fue informándose de sus cualidades y preguntando cómo incorporarlas. Todo eso sin saber siquiera cómo podría llamarse el negocio. Poco a poco, empezaron a sumar múltiples y pequeños objetos en este lugar, por donde yo sigo encontrando rescoldos de aquellos tiempos...

Y como si empezara ya a asumirlo tras cuarenta años, ella siente una especie de orgullo y añoranza entremezclados, porque su vida fue realmente dura. En especial, debido a que «era alguien que no sabía ni leer ni escribir...». Aunque, claro que, como toca, «a base de palos se aprende».

En este contexto, y más allá de los cuidados del hogar y la familia, cabe señalar que desde siempre ha existido una gran voluntad por saber y conocer por parte de todas las mujeres. Sin embargo, ese derecho a la educación se les privó hasta el siglo pasado en nuestro país. ¡Y en cuántas partes del mundo todavía!

Lo único en lo que todas somos educadas en igualdad de condiciones es en casarnos pronto y criar muchos hijos, sin preguntarnos cuánto más se espera de nosotras. Y siempre bajo la premisa de que debe ser así porque esos atributos nos pertenecen. En base a nuestro género. De hecho, mi abuela recuerda cómo quedarse embarazada y casarse se le presentó como la única salvación con apenas dieciocho años... Y, por tanto, Barcelona y todo lo vivido fue una oportunidad extraordinaria para perseguir una meta: ser independiente, vivir su vida y ser una buena esposa y madre.

Ella encontró un buen complemento en un gran compañero como mi abuelo. Siempre la apoyó en el negocio y hasta fue su maestro cuando necesitaba hacer una cuenta o leer una carta. Pero no era suficiente con lo que él pudiera enseñarle en ese sentido. Por ello, al cumplirse dos años en la ferretería como autónoma, se apuntó a una escuela de adultos en el antiguo colegio del pueblo, y más tarde, poquísimo antes de quedarse viuda, se sacó el carnet de conducir, en 1999. Gracias a ello, pudo acompañar a mi abuelo al hospital cada vez que enfermaba.

Mi abuela es de las pocas mujeres que conozco, mayores de setenta años, que tiene permiso de conducción. ¿Tal vez era un privilegio? ¿Por qué no era fácil para las mujeres acceder a la educación o tener un vehículo propio? Hasta 1981 las mujeres no pudieron conducir sin permiso del padre o del marido.

Me gusta resaltar que mi abuela siempre fue una mujer muy libre, que rompía con muchos patrones del sistema patriarcal, por lo que la defino como «la primera ferretera *empoderá*». Se fue empoderando a través de las dificultades que se presentaban, sorteando los momentos más duros y enfrentándose a las batallas más grandes con la mejor sonrisa y una fuerza inquebrantable. Asimismo, su empoderamiento fue el resultado de su concienciación al reivindicar tantas veces que quería ser tratada en igualdad. Igualdad que siempre echó en falta en muchos ámbitos, hasta que pudo recibir educación casi a los cincuenta, obtener un permiso de conducir, trabajar en algo que le permitía compatibilizar su vida o disponer de una propiedad a su nombre... Aunque no tuviera idea del concepto «feminismo» ni estuviera libre de la lacra machista, de la que tampoco sabía cómo se llamaba. Era consciente de que la oprimía y le impuso barreras a lo largo de su vida.

Como cualquiera, ella piensa en otras posibilidades para sí mismas si hubiera tenido otras oportunidades. Le habría encantado ser matrona porque «querría haber ayudado a otras mujeres a traer niños y niñas al mundo».

Actualmente, reconoce haberse sentido muy feliz en su trabajo... Ese que siempre ha emprendido en una marcada rutina que seguimos con exclusividad nosotras, planificando la gestión del tiempo y sus mandatos, con la carga mental.

Siempre entendió este negocio como una ventaja para poder compatibilizar el trabajo con otras tantas tareas con las que convivía. Además, fue pionera en eso de priorizar y disponer de su propio tiempo: el autocuidado. Desde las nueve la encontrábamos en el mostrador de la ferretería, tras haber cumplido ya con la hora de deporte —cuando salían los primeros rayos de sol—, haber dejado incluso toda la casa recogida y haber desayunado en el bar con las vecinas... Luego, compaginaba la jornada matutina, que se extendía hasta las dos de la tarde, con la planificación y elaboración de las comidas diarias. Posteriormente, tras el almuerzo, recogía la ropa y seguía con esos quehaceres que nunca se preguntó por qué le pertenecían en exclusividad desde que nació... Después, llegaba la pequeña siesta a las que nos acostumbramos desde siempre. Y a las cinco de la tarde, empezaba su segunda jornada en la ferre. Finalmente, cuando cerraba la persiana del negocio a las nueve de la noche, se marchaba a la asociación de mujeres, donde tejía redes de cuidados y fortalecía otras relaciones importantes con sus compañeras.

LA JEFA DE EQUIPO

Hablar de mi madre es hacerlo sobre una de las personas más importantes de mi vida. Con el tiempo, hemos tejido una relación más sana en lo familiar. Y en el ámbito empresarial, hemos logrado dar un vuelco al negocio familiar. Juntas hemos evolucionado hacia un empoderamiento que nos ha colmado de satisfacción y plenitud en todos los aspectos. El rol que ella ejerce se ha transformado muchísimo desde sus inicios en la empresa. Comenzó sin querer casi, en la modalidad de ayuda familiar por fuerza mayor, y hoy es la segunda generación que regenta la Ferretería Encarnita. Se llama Silvia y es la hija pequeña de mi abuela. Ya todo el mundo la conoce como la «jefa de equipo».

Tenía apenas dieciocho años cuando se convirtió en mi madre. Ya estaba casada y viviendo a cinco kilómetros de su familia. Y entre otras circunstancias, asumió como nuevo trabajo ser la dependienta de esta empresa familiar. Aunque sin tener todas las condiciones de las que yo ahora gozo. Ni las oportunidades que, por fortuna, mi hermana y yo hemos tenido.

Ella también se fue adaptando a la empresa por necesidad, y no como una oportunidad laboral como sí lo había hecho mi abuela.

Mientras la abuela dice que habría sido matrona o enfermera, mi madre asegura que habría opositado, decantándose por las finanzas. De hecho, es una gran administradora de vocación y se desarrolla ejemplarmente como la gran jefa de equipo en la empresa. Así la hemos bautizado, una vez que ha comenzado a desarrollar este nuevo rol con pasión, entusiasmo e ilusión.

Mi madre y mi abuela tenían muchas incertidumbre allá por el año 2012, ya que en julio cumplía mi Encarnita sus sesenta y cinco y tenía muchas ganas de jubilarse. Pero eso de jubilarse fue una cuestión formal, porque todavía hoy tenemos la suerte de tenerla en su silla como testigo y maestra de nuestra profesión.

Evidentemente, llegado el momento, tras toda una vida luchando y trabajando, esperaba con ansias su retiro laboral. Por entonces, mi madre no tenía muy claro qué hacer con su vida y la abuela sufría la incertidumbre al pensar en el fin radical de su gran proyecto laboral y personal...

Los meses que transcurrieron entre enero y julio de 2012 fueron muy duros para toda la familia implicada en el negocio. Incluida yo, que por entonces era una adolescente que pasaba las tardes acompañando a mi abuela por las tardes; mi madre trabajaba solo por las mañanas. Por la conciliación familiar.

Ante la inseguridad sobre qué iba a ser de la tienda, esta se iba quedando cada vez más vacía. Y creo que todo el mundo, menos mi madre, sabíamos que ella era la mejor candidata para continuar el legado del negocio. Por eso la animamos a estudiar todas las posibilidades para quedarse como autónoma y ya se veía cómo organizarlo todo, cómo comenzar de nuevo... para rellenar todo lo que faltaba en gran medida tras el parón de aquellos meses.

Al llegar aquel julio de 2012, la abuela se jubiló después de casi treinta años, dando paso a su hija pequeña, que había trabajado junto a ella durante diecisiete años.

Mi madre es hoy una persona muy diferente a aquella mujer de hace más de una década, con la que yo fui creciendo. Con el tiempo ha ido desprendiéndose de sus inseguridades y puliendo y fortaleciendo su autoestima y su confianza en sí misma. Hoy es una persona decidida, fuerte, independiente y capaz de desarrollar su trabajo con total seguridad en sus posibilidades.

Durante estos años, me he preocupado mucho por hacerle ver que ella es autosuficiente y una persona capaz de todo lo que se proponga. No porque exista una dictadura de la felicidad o porque todo se puede. Sino muy especialmente porque no necesitamos aprobaciones absurdas ni que nadie nos diga cómo debemos ser. Aunque también tengo que decir que, desde siempre, su prudencia y su pausa han sido determinantes para perseguir aquellas metas que ha querido. Mi mayor orgullo es la relación que hemos construido. Tanto laboral como personal.

Su empoderamiento ha sido el resultado de un doble proceso. En primer lugar, individual, mediante una mayor autonomía y la capacidad de autodeterminación. Y luego, ha sido muy colectivo, cuando juntas hemos desarrollado cambios que han influido en una empresa y en una familia más justas e igualitarias.

LA FERRETERA EMPODERÁ

«Ferretera *empoderá*» fue el concepto con el que se me ocurrió bautizarme aquel día que comprendí el contexto que me había envuelto durante mi etapa de ayuda informal en una empresa familiar. No se me ocurrió nada mejor para recordarlo cada día que tatuarme eso en el brazo de por vida.

Durante casi ocho años largos, practiqué una ayuda informal que se parecía muchísimo a «desarrollar un trabajo» que, sin quererlo ni desearlo, llegó a mi vida. Exactamente aquel día en que recibí la herencia de un trabajo familiar que jamás habría escogido.

Fue allá por el año 2012. Junto a mi madre. También junto a mi padre: él se subía al barco como personal de apoyo mientras desarrollaba su actividad agrícola en el campo. Y lo cierto es que también estuvo más tiempo del que debía.

Ambos compartíamos esa ayuda informal típica de las empresas familiares , donde toda la familia se implica en una economía común, especialmente en un contexto como aquel verano.

En mi caso, mi «ayuda informal» en el negocio se desarrollaba junto a otros sueños, que fui posponiendo. Y lo que fue peor para mí: cumplir con algo que no aportaba ni visibilidad ni valor a mi desinteresado tiempo.

Por entonces, no sabía por qué me afectaba tanto convivir con ese trabajo, en un lugar donde he estado toda mi vida. No era capaz de darle nombre a mi labor en esta empresa familiar. Me preguntaba todo el tiempo: «¿Estoy ayudando simplemente o trabajo como cualquiera, pero siendo la hija de?».

Sin embargo, cuando accedí a mis estudios superiores, comencé a tomar conciencia de las desigualdades a las que ya hacía frente desde la infancia. Aunque sin juzgar el contexto, pues también comprendía que fueron las circunstancias. Circunstancias que no excluían esas desigualdades que empezaría a desafiar.

Y, por otro lado, había observado toda una vida cómo se desarrollaba la profesión de las ferreteras bajo un tupido velo de aquel otro trabajo que ya he mencionado: el trabajo de cuidados. Ambos trabajos se iban estrechando con todos los espacios que convergen en este lugar. «Cuarenta años donde lo laboral y los cuidados se han ido estrechando, convirtiéndose en una ardua convivencia para todas las presentes», me repito a mí misma siempre.

UN DURO CAMINO HACIA EL EMPODERAMIENTO

Dos años después del nombramiento de mi madre, me tocaba empezar en la universidad. Recuerdo en estos momentos cómo elegir mi carrera universitaria supuso una ventaja para mí.

Se convertía, además, en un gran avance para toda la familia. También me permitió desarrollar el conocimiento, durante unas horas, muy lejos del trabajo familiar. Aunque no llegué a disfrutar del todo esa etapa de mi vida como cualquier estudiante. Y es que tuve que conciliar demasiadas horas de mi vida académica con la empresa familiar, sintiendo que estaba en todo sin disfrutar de nada.

En ningún momento encontré el valor suficiente para transmitir esa injusticia o poner límites. O para irme definitivamente como fuera. Aquí tengo que señalar cómo lo económico y lo social condicionan la vida de la gente. Aunque siempre he creído en la meritocracia, esta solo existe para quien tiene recursos. Y no era mi caso; a pesar de haberme formado y tenido ciertos privilegios, en este primer mundo. Privilegios como acceder a una educación que a otras se les negó por el sistema patriarcal que todavía hoy restringe a muchas mujeres de este derecho a estudiar.

Además, soy muy consciente de que podía permitírmelo porque parte del trabajo que realizaba aquí costeaba esa educación universitaria. Y la oportunidad de estudiar también me otorgaba otros privilegios, como elegir quién quería ser y dónde trabajar. Quizá así rompería con aquello a lo que tradicionalmente han optado otros miembros de la familia. Eso me conformaba y me daba fuerzas. Creía que cambiaría mi vida algún día y tendría mejores oportunidades en el futuro. Sin embargo, el tiempo pasaba sin permitirme escapar de este nido.

Con los años, se me fueron abriendo otras puertas. Siempre en el mismo lugar: en la ferretería. Son las llamadas puertas violetas que dibujé para la gente, para la familia y para mí misma en el negocio del que no llegué a huir del todo. Esto me permitió transitar hacia el empoderamiento colectivo. Sin saber que lo llevaba practicando desde mucho antes de mi toma de conciencia. Especialmente con mi madre. Sobre todo, en el seno familiar; donde todo comienza a cambiar de verdad.

ANTECEDENTES

Ahora recuerdo más que nunca aquellos años en los se asentaban esos testimonios sobre mis primeros pasos. Y, por tanto, cómo ellos me condicionarían a estancarme aquí...

Mientras tanto, yo luchaba con esas ganas por emprender el vuelo lejos de la casa y toda esta gente, incluida mi propia familia. Aunque sin ver muy claro cómo solventar mi futuro.

Lo que iba sintiendo, por el contrario, era que más se alargaba mi agonía aquí. Y, por ende, menos oportunidades encontraba para decantarme por otra cosa. Lo más duro de este proceso fue sumar mi falta de empeño por conocer más sobre la empresa familiar. Acudía con desgana, enfado y abnegación a cumplir con ese propósito de ayuda. Asistía cada día con obligación a aquel lugar que me había amparado toda una vida, llenándome de grandes momentos y cuidados cerca de los míos, pero que también era el responsable de arrebatarme mis sueños.

Desde mis primeros pasos, me encargué fielmente de su cuidado para mantenerla impoluta. Como un tesoro. Pero ni habiéndola organizado y limpiado desde siempre, lograba quedarme con las cosas. Seguía sin tener ni idea de los nombres de los productos ni su función. Como si esas tareas y objetos no aprendidos representaran cómo me sentía. Algo olvidada y desatendida. En cualquier cajón. Despojada de mis sueños. Sin preguntarme por lo que sentía o padecía. Suspendida de la otra vida que imaginé para mí. Fuera de todo aquello.

Yo limpiaba como «loca» por ese afán por el orden y la limpieza que llevamos todas incrustado de forma «innata». Resolvía esos quehaceres porque supuestamente así me pertenecían. Y lo compartía con cierto malestar sin nombre, como lo definiría Betty Friedan.

Llegaba a olvidar, junto a esa gente que me veía parte de la empresa familiar, si yo era quien quería estar. Nunca se puso el foco en mi interés. En mis ganas.

Por tanto, la apatía y el peso de una obligación frenaron todo el tiempo mi aprendizaje del oficio familiar. Era consciente que de ese modo no sería posible mi evolución como futura generación de ferreteras. Sentía que ni quería ni me pertenecía la profesión. Por mucho que se me presentara ese ámbito profesional y familiar como «el apasionante mundo de la ferretería», yo solo me empecinaba en rechazarlo. Deseaba con todas mis fuerzas deshacerme cuanto antes de él. Aunque solo fuera mientras dormía.

Luego, en la práctica, he de confesar que nunca tuve el valor de faltar o dejar de estar. Cumpliendo al menos como una simple guardiana del lugar. Para eso, supongo, mi abuelo me dejó encargada de la casita de en medio. Probablemente, dándome la posibilidad ya de crear mi cuarto propio. Ese que no reclamé hasta los veinticinco.

Cuando mi abuelo me mostró ese pasillo especial, yo tenía cuatro años, y comprendí que ahí podría permanecer segura y expectante, mientras me ocultaba de la gente. Observaba ya por entonces el mundo real sin que nadie me percibiera. Me colocaba sobre aquellos agujeritos de las bobinas de hilos que actuaban como una malla de ocultación gris para no perder de vista nada. Y empezando parte de las reflexiones y reivindicaciones que hoy traje para ti.

UNA REIVINDICACIÓN JUSTA

Nunca olvidaré aquel marzo de 2020, cuando todavía no imaginábamos el confinamiento ni la pandemia mundial que nos tocaría atravesar apenas unos días después de comunicar mi decisión al equipo de la ferre.

El equipo de la ferre eran mi madre y mi padre. Así que imagínate el papelón. Me supuso una responsabilidad enorme: por un lado, como hija y, por otro lado, porque me enfrentaba por primera vez a mi deseada reivindicación respecto a mi rol como trabajadora frente a ellos. Al fin y al cabo, así lo he considerado siempre, aunque para muchas personas lo mío era una colaboración simplemente. O, mejor dicho, un deber que tengo como hija. Un deber que nos ha pertenecido y por el que nos han condicionado enormemente nuestras decisiones y nuestra vida.

Por tanto, diría que se trató de la decisión más importante de mi vida hasta el momento. Suena a tópico, pero me resulta extraordinario revivir en estas líneas aquel momento en el que decidí aparcarlo todo y apostar por la empresa familiar. Mi padre me preguntó si lo tenía tan claro como le decía o si, por el contrario, se trataba de una decisión sentimental, dejándome llevar por el valor atribuido siempre a mi ferretería como el negocio por el que había pasado un gran linaje familiar. Y, naturalmente, esto fue lo que más me pregunté a mí misma antes de llegar a la conclusión sobre lo que deseaba hacer de ahí en adelante.

Aquí tengo que decir que con mi padre siempre me he sentido muy a gusto para transmitirle lo que pienso. Siempre he dicho con orgullo que soy como una extensión de él, entre diversas cualidades que conforman nuestros defectos y virtudes compartidas. Ha sido fácil poner las cartas sobre la mesa cuando se trata de él, y parece ser que siempre, en el momento oportuno, me ha ocurrido igual. Nos identificamos en valores como la empatía y la solidaridad, así como en lo difícil que nos resulta un no por respuesta. También compartimos ser bastante resolutivos a la hora de enfrentar la vida con asertividad y resiliencia. Más desde la locura que desde la cordura. Somos impulsivos y echados para delante. A veces nos adelantamos a la vida y nos precipitamos, con la seguridad en que las cosas nos saldrán siempre de cara.

Ahora bien , en el presente parece que la temple de mi madre se me ha ido pegando por estos años juntas casi a tiempo completo. Convivimos como hermanas casi, por la poca diferencia de edad que nos llevamos, y eso me ha facilitado afrontar la vida sin precipitarme, meditando algunas cuestiones. Y he podido decirle a ella también, con confianza, lo que necesito en mi vida.

Aquel marzo de 2020 comenzamos a entablar una conversación muy diferente a la que acostumbrábamos los tres; permitiéndome sentir escuchada, posiblemente, por primera vez. Aunque en esta ocasión ponía en el centro mis necesidades como trabajadora. Lo único que les pedí a mis padres a cambio de quedarme, no como una opción para un tiempo concreto, sino como una condición con la que seguir o despedirme, de forma definitiva de la tienda, fue tener una retribución digna y cotizar para que mi colaboración en la ferre dejara de tener un carácter informal y me otorgara, al fin, el valor como trabajadora.

En este sentido, tengo que resaltar que las contrataciones en las empresas familiares de nuestro país para una hija no son tan fáciles, ya que la persona titular de la empresa solo puede contratar como trabajadores/as a familiares desde el segundo grado de consanguinidad o afinidad. Cuando se trata de tu pareja, de tus hijos e hijas, de tus padres... sí que se pueden dar de alta, pero en el Régimen Especial de Trabajadores Autónomos, concretamente en la modalidad de «ayuda/colaboración familiar». Sin embargo, este registro no siempre llega a producirse, existiendo en las pequeñas empresas familiares una gran cantidad de trabajo no registrado que se realiza mayoritariamente por las mujeres de la familia. Esta situación limita nuestra autonomía en la empresa familiar y nos lleva a convivir con una sensación de precariedad, con limitadas o nulas posibilidades de protección social, negándonos incluso la capacidad de tomar decisiones como auténticas trabajadoras de la empresa familiar (Gálvez et al 2013:10). Estas limitaciones por ser la hija de, la esposa de o la madre de contribuyen a que se dé cierta informalidad a nuestras aportaciones dentro de la empresa familiar. De modo que actuamos como una estrategia perfecta para externalizar los costes, sustituyendo el trabajo remunerado por el trabajo familiar informal que pueda desempeñar nuestra familia por amor al arte. Esto ocurre en muchos ámbitos como la agricultura, el comercio o la hostelería.

En mi caso, cuando pude hablar con mis padres detenidamente sobre lo que me estaba ocurriendo y mis condiciones, trataron de buscar rápidamente cualquier forma para asegurarme como una trabajadora de pleno derecho, garantizándome todas las condiciones que una persona debe tener por el desempeño de su trabajo como dependienta en nuestra ferretería. Y así se hizo. De este modo fue como lo conseguí. Tras ocho años en los que yo misma también llegué a pensar que mi contribución se ceñía solo a una «ayuda a la familia», por el deber que me correspondía, porque es mi/nuestra función como hijas e hijos.

Además, mientras más segura estaba de mi aportación a la empresa, más exigente me volví con ser tratada como trabajadora. Pienso incluso si alguien habría ocupado mi lugar en todo ese tiempo. O si nos tuvimos que conformar con las pocas opciones que teníamos, y por eso tuvieron que tirar de mí... Al final, yo también me sentía profundamente comprometida como hija. Y gracias a ello, siempre he pensado que pude costear mis estudios y optar a una vida muy diferente a la que ellos habían vivido. Sentí que era lo mínimo que les debía. Y creo que en esa idea nos hemos amparado muchas veces. De forma equívoca, tal vez...

CONTRADICCIONES EN EL PROCESO Y CONSTRUCCIÓN DEL PENSAMIENTO CRÍTICO

Hay personas que crecen asumiendo ese deber como la justificación para exigir desde las familias a los hijos que se impliquen en los trabajos de las empresas familiares. Es la lógica a cambio de los estudios u otras formas de manutención económica. Nos debemos a ese compromiso como hijos e hijas, sintiendo esa necesidad por corresponder a la familia. Como si durante nuestra etapa académica no cumpliéramos ya con una labor tediosa que equivale a una jornada laboral que se puede prolongar incluso más que cualquier trabajo remunerado. Es posible que hasta ahora yo no haya valorado mis años de formación académica y lo duro que fue compaginarlo con la empresa familiar, a la que me sentía tan atada. Llegué incluso a acusarla de todo lo que me pasaba, pues la ferretería se convirtió en una especie de cadena de la que no podía librarme. A veces, volvía con un apego tan fuerte que me olvidaba hasta de dar prioridad a mis estudios y a otros sueños que quise cumplir. Y no solo eso, me victimizaba también por la complacencia y la entrega altruista con la que vivía cuidando mi casa y a los míos porque eso era lo que se esperaba de mí. De las mujeres como yo. «Toterrenos» que estudian, trabajan, guisan y limpian como si todo eso y más me/nos perteneciera, en una jornada que viví sin final muchos años.

Lo he normalizado siempre, y también lo he visto como una evidencia en otras personas y otros miembros de la familia. Ya sea una ama de casa que acude a la explotación agrícola familiar de forma puntual, una sobrina que acude al bar del tío en verano o la abuela jubilada que permanece de guarda en el comercio. Además, en los pueblos, podemos ver una cantidad importante de gente que tiene un trabajo remunerado y, al mismo tiempo, se implica en el trabajo familiar cuando es necesario, de un modo altruista, por ese compromiso familiar que hemos ido adquiriendo en un aprendizaje constante y que hemos transmitido de generación en generación. Ese compromiso lo hemos entendido siempre como un hecho natural, obviando la cantidad de tiempo que se va acumulando de manera gratuita e invisible en quienes ejercen dicha colaboración familiar. Y lo que es peor: sin poner en el centro lo que queremos o necesitamos realmente.

Este compromiso lo hacemos por amor a los demás. Y, en muchas ocasiones, posponiendo los usos del tiempo propio en otras cosas que nos gustaría invertir. Sin llegar a plantearnos qué deseamos hacer (o no hacer) en nuestra vida con ese tiempo disponible.

Igualmente, he escuchado muchas veces que los trabajos de la familia han constituido el mejor método para aprender a madurar y comprender la vida. Nos cuentan que solo implicándonos en trabajos precarios o altruistas en las empresas familiares sabremos mejor de la vida y valoraremos más los estudios para optar a un mejor trabajo en comparación con el que desempeñan nuestros padres. Desgraciadamente, no es así, sino que lo hacemos normalizando incluso la explotación, pensando que no hay muchas más opciones y renunciando a otras cosas que nos ilusionaban porque materialmente son inalcanzables. Sobre todo cuando hay momentos en los que el agotamiento y el cansancio nos nublan las ideas, nos apagan los sueños; llegando a creer que al final la vida de los otros es la vida que nos pertenece. No podemos escapar tampoco de nuestras condiciones socioeconómicas y heredamos esa clase social con la que crecemos, aunque invirtamos mucho tiempo y recursos en la formación. Y, por último, creo que más tiempo del que debemos repetimos un sistema de aprendizaje desde el castigo o la represión.

Valores como la solidaridad, la empatía o la igualdad son para mí los pilares sobre los que hemos construido recientemente una convivencia más justa y equitativa. En la empresa familiar y en lo personal. Durante la evolución de mi contrato social en la empresa, también hemos tenido que hacer una deconstrucción comunitaria desde la socialización con la que todos y todas partíamos con patrones dados, desde la costumbre y las normas históricamente construidas. Esas que han condicionado nuestra forma de ver la vida.

Los patrones no son naturales y hemos concluido que han condicionado tanto los vínculos emocionales como las relaciones de poder en el seno empresarial de la familia. Evidentemente, existen otras casuísticas, como la situación económica y social de las familias, que nos han impedido otras formas de evolucionar en algún momento. No somos culpables. Pero sí responsables. Si bien todo ello nos ha privado de la lógica de una explicación en el pasado y nos ha situado inconscientemente a cada uno en distinto lugar. Con desigualdad permanente. Por fortuna, esto se está rompiendo, y en la actualidad, con amor y deconstrucción, estamos fabricando roles nuevos. En lo privado y en lo público.

Y qué decir del otro mal, que tiene nombre y se llama patriarcado. Ese que decimos bajito, pero que sufrimos y nos afecta a todas. Ese sistema de dominio que mantiene la opresión e invisibilización de una parte de la sociedad: las mujeres. Va creando un sistema estructural de desigualdad permanente basado en el sexo biológico con el que llegamos al mundo. Ese sistema establece unos roles y estereotipos en base al sexo, que nos predefinen nuestra función en la vida y legitiman diferentes jerarquías de poderes. Desde que nacemos vivimos en una especie de jaula que nos tocará en función de si nacemos hombre o mujer. Y todo ello se transmite también de padres a hijos, sin llegar a cuestionarse. Esas limitaciones nos han impedido tener voz o manifestar una opinión. Especialmente a las mujeres. Siempre hemos tenido que callar y reprimir las injusticias.

Ya no reprocharía nada de esos estereotipos o roles que he ido asumiendo como hija y como mujer. He sanado cuando he comprendido el conjunto de situaciones que vamos atravesando bajo el lema de «yo y mis circunstancias», el cual ha contribuido enormemente en la persona que somos y seremos. Lo vivido no justifica nada, pero sí explicaría muchas cosas.

He tenido que caminar por un sendero lleno de rosas y espinas, donde todas las personas de la comunidad familiar han ido evolucionando distintamente. Ahora vivo en el presente y me siento reflejada en la mujer que tiene voz propia, participa en la toma de decisiones y puede sentirse más libre. El feminismo me ha salvado. Y eso se ha reflejado en el nuevo modelo de nuestra ferre, pues también se ha adaptado y ha evolucionado, convirtiéndose en una ferretería empoderante y enriquecedora, que instaura los principios de una igualdad cada vez más efectiva en este bendito lugar.

Hasta la limitación que comentaba de «ayuda o colaboración» es una construcción histórica, y es lógico que se trasladara también a la sociedad visitante del negocio. ¿No es así cómo construimos la costumbre?

Durante todos esos años que la ferre ha constituido para mí una especie de colaboración familiar, la propia clientela me ha ido magnificando como «una superheroína o mujer todoterreno» por ayudar a la familia con ese ímpetu que deben los hijos. Ese deber que se supone y, por tanto, vinculan a una ayuda, sin llegar a verlo como un empleo. Tampoco han tenido la conciencia de plantearse qué he querido yo o qué necesitaba durante mi etapa como estudiante. También es cierto que, cuando no existen más recursos que la hija mayor, se hace un pequeño esfuerzo, porque una misma asume ese compromiso del deber que nos ha pertenecido. Y casi no he tenido tiempo, entre el trabajo y mis estudios, de plantearme otras posibilidades.

Es probable que ese deber infinito sea el mismo que hemos construido hacia nuestras familias, de generación en generación. Por ello supongo que, cuando comenzamos a implementar cambios, como tener vacaciones o días libres que se consensúan por contrato entre empresa y trabajadoras/es, tanto para mi madre como para mí, en este caso, o cuando establecimos un nuevo horario flexible para todo el equipo, llegando a compartir rotaciones parciales que ya no nos mantenían con la misma presencia en la ferretería, para nuestra clientela fue un proceso de asimilación, como lo fue mucho antes para el equipo de la ferre. Durante ese proceso de asimilación es lógico que alguna vez hayan manifestado cierta incomprensión.

Ahora se puede celebrar que convivimos en una gran empresa con tareas perfectamente definidas y en unas condiciones «normales», que para mí siempre supusieron una necesidad que hoy está satisfecha. Tanto mi familia como yo tenemos mejores condiciones. Unas condiciones que dignamente nos pertenecen a cualquier trabajador o trabajadora. Incluso tratándose de una empresa familiar.

EL CONTRATO SOCIAL DE LA FERRE

Fue muy importante entablar los cimientos de mi nuevo contrato social y garantizarme en todo momento el pleno derecho como trabajadora de la ferre. Hoy puedo celebrar hasta tres contratos firmados y con la satisfacción de haber hecho lo correcto cuando decidí quedarme en ella. Todo ese conjunto de cambios que empezaban a cumplirse me facilitó la nueva tarea de trasladar a mis familiares y amistades, con más seguridad si cabe, la inesperada decisión. Lo hice sin menoscabar en más detalles, entre los que podría resumirse una sencilla idea: sentir cada día cómo «me llena lo que hago», y con la formalidad que suele faltar en las empresas familiares por las escasas posibilidades a las que se pueden optar debido a las limitaciones existentes. «Ahora bien, una vez cumplidas, se puede confirmar mi continuidad como la tercera generación», les dije.

Mi familia acogió con ilusión y completamente sorprendida los nuevos cambios que se avecinaban en la ferre. Especialmente, por quienes eran conscientes de que, aun pudiendo ser una buena candidata para continuar con el legado de la empresa, entendían que mi prioridad fuese ejercer aquello para lo que había luchado tantos años como politóloga; dedicándome a la gestión pública, o quizá poder elegir temporalmente la política o marcharme a Salamanca, como también había soñado durante mi carrera universitaria.

Llegando a este punto, reflexiono sobre muchos condicionantes más que me llevaron a decidir mi nuevo camino. Por marzo de 2020, cumplía nueve meses opositando. Tras acabar una carrera y un máster sin muchas oportunidades laborales, solo quedaba el camino de la oposición. Además, con el anhelo de dedicarme a un trabajo que me permitiera el arte de la conciliación, justo al independizarme, decidí apuntarme a una academia, de la que mis padres se hicieron cargo en compensación por mi jornada laboral.

Al plantearme el mundo de las oposiciones, empecé a pensar en las ventajas de una futura funcionaria que solo pretendía compatibilizar la vida profesional con la personal para poder continuar colaborando, como hacía desde 2015, en asociaciones y diferentes colectivos, en las universidades, la política y en tantos otros asuntos en los que siempre he estado implicada como voluntaria. Una voluntaria que también lo fue siempre de la familia, de los cuidados en hospitales y en las casas de sus familiares. Una voluntaria que se multiplicaba para ir al bar de mi tía, a la tienda de mi otra tía, al campo, a limpiar más casas de manera remunerada o a intentarlo en el exterior como teleoperadora... Da igual. Fuera como fuera, nada me libraba de esa cotidianidad ni de la empresa familiar. La ferre siempre fue como un trampolín de entrada y salida, por el que di tantas vueltas sin parar, creándome un complejo de salvadora e imprescindibilidad con el que todavía estoy luchando.

Aun con todos esos condicionantes, recuerdo positivamente cómo veía en la ferre la posibilidad de seguir viviendo al límite las veinticuatro horas del día y del modo altruista y productivo que llevaba practicando desde que mi madre asumió la ferre y me implicó de lleno desde 2012. Ya no sabía vivir la vida de otro modo.

Me sentía tan conectada a toda la familia y a poder estar en todo lo que me necesitaran... Como también podía hacerlo en otras causas que me llenaban, como la política, el teatro, la investigación, las conferencias, Cruz Roja y un sinfín más.

A mí la ferre siempre me ha pagado con tiempo. Y durante años, ese «tiempo» para hacer otras cosas no lo encontraba en ninguna parte. Al mismo tiempo, lo que podría parecer una gran ventaja hacía mi vida cada vez más insostenible tras ocho años entre ferretería y formación. En todos sitios no podemos tener presencia.

Porque, a veces, la salud mental se resiente y empiezan otros problemas. Sin embargo, me costó verlo. Aquí debo decir que ya soy más consciente para sentir que ni quiero ni puedo con todo. También recuerdo cómo afectó mucho en mi decisión la incomprensión de otras personas que me ofrecían posibilidades distintas para mi vida, animándome a «aspirar a más», haciéndome sentir que realmente era inconformista, o me cuestionaban acerca de para qué había estudiado tanto. La verdad es que no me apetecía dar tantas explicaciones en aquellos momentos, porque al escucharme interiormente ya sentía que me justificaba demasiado y no parecía tan convincente. Ni siquiera conmigo misma. Siempre tuve claro que me debía a lo que sentía, y en aquel momento estaba segura de que estaba eligiendo lo que me llenaba y aportaba.

Ahora, casi cuatro años después, también lo siento. Más firme, más madura, más segura. Y es cierto que tuve muchas dudas, y sé que se presentarán otras tantas por el camino... Porque así es la vida, ofreciéndonos etapas que ir viviendo como trenes a los que irnos subiendo —y bajando, claro— una y otra vez.

Además, la posibilidad que he tenido de estudiar en las universidades públicas y la oportunidad de formarme me han hecho replantearme en ocasiones si, aun eligiendo ser ferretera, puedo poner en práctica ese saber académico. No puedo olvidar tampoco cómo al final la escuela de la vida es la que me sigue pareciendo más enriquecedora. Y cómo compaginando todo ello con la oportunidad de ese conocimiento ha podido contribuir en mí profundamente a la hora de ver la vida y cómo me he podido plantear tantos cambios, llegando a romper incluso con patrones dados que no elegimos. Empezando por mi familia, a la que agradezco que me haya entendido y acompañado en tantos cambios, personales y laborales, como los descritos.

PRACTICAR PARA CRECER

Las construcciones históricas, científicas, estadísticas... importan a la hora de representarnos en una realidad que no deja de ser y estar estereotipada. Seguimos sin encontrar una representación femenina en todos los campos del saber, y en la vida en general. La historia se ha escrito en masculino y a nosotras es difícil encontrarnos fuera de los cuidados y de lo privado. Por lo que continuamos estando invisibles. Poco hablan los libros y las enciclopedias de nuestras vidas y aportaciones. Sin embargo, este libro se ha convertido en la motivación para salvaguardar el legado de mis antecesoras, dando a conocer parte de nuestro trabajo y transmitiendo cómo ha influido durante todo este tiempo lo ocurrido tras el mostrador *cuantinario* de la ferre.

Igualmente, esta obra nació con la intención de dar voz y reflexionar sobre las vivencias de todas esas personas que han compartido con nosotras su rabia o su indignación. También su alegría. Por eso he tratado de poner de manifiesto muchas de las cadenas que nos acompañan a las mujeres todavía en la actualidad. Condicionándonos.

Desde una perspectiva de género, en una profesión tan vibrante, enriquecedora y emocionante como la ferretería, sé que estoy mojándome y dando un paso hacia delante con este libro. ¡Gracias a las historias empoderantes que han sido mi fuente de inspiración!

Tengo la sensación de que podemos imaginarnos el mundo de la ferretería, de una forma muy intuitiva, pensando poco más que en tornillos. Lo impensable sería todo lo que ahonda esta obra y lo que alberga realmente la ferretería. Ya puedes hacerte una mejor idea de cómo transcurre el día a día tras el mostrador. Ese mismo que hace de anfitrión a tantísimas personas y sus vivencias, cada una diferente y única, desde hace ya más de cuarenta años.

Mientras nosotras, las trabajadoras, convivimos con dos mundos paralelos. Unas veces, en sintonía y, otras veces, en el más profundo caos, en esta querida empresa familiar conocida como la ferretería de Encarnita. Aquí no solo encontrarán herramientas y objetos de carpintería, bricolaje, jardinería, llaves o pinturas... Seguro que, si habéis cruzado nuestras puertas, habréis sido testigo del inesperado olor de nuestras comidas, de cómo mimamos al detalle la atención de nuestra clientela y de cómo podemos contribuir terapéuticamente si nos necesitas. Con la palabra o con un abrazo. Ambas son compatibles y nos encanta ponerlas en práctica siempre. Y si nunca pudiste acceder a nosotras, ya sabes cómo trabajamos, en la vida real.

REFLEXIÓN FINAL
DE UNA FERRETERA *EMPODERÁ*

Llegar a las reflexiones finales con la sensación de haber realizado esta labor de escribir tan libre me hace lanzar una primera reflexión sobre cómo este logro por siglos fue impensable. Escribir con la libertad de no ocultarnos, sin reprimirnos las palabras ni usar un nombre que no nos pertenece es algo que quizá podamos permitirnos en algunos sitios hoy. Sin embargo, durante siglos, las mujeres tuvimos que reprimir las palabras o publicar nuestras obras bajo un seudónimo masculino. Y aún hoy día ocurre en distintas —demasiadas— partes del planeta. Por eso cabe un pequeño apunte: leer novelas o ensayos escritos por mujeres parece, actualmente, un hecho común, pero la existencia de mujeres escritoras a lo largo de la historia ha sido un hecho *muy excepcional*... Y, además, en muchos casos, como tantas veces se ha dicho ya, en numerosas ocasiones anónimo era nombre de mujer. No lo olviden...

Para ir despidiéndome, ahora escribiendo estas líneas recuerdo con más determinación eso que mi abuela me ha dicho siempre sobre cómo a veces nos llevamos gran parte de nuestra vida en algo que quizá no nos gusta, y luego, en el proceso de adaptación, te acabas encontrando con lo que más te llena. Porque tal vez el auténtico sentido de la vida sea aspirar a ser feliz y ser una mejor persona. Por esa razón he elegido, a pesar de todo, quedarme. Así lo aprendí y acepté, tras todas esas ocasiones en que quise deshacerme de las tareas propias de nuestro bagaje cultural en el negocio familiar. Pero orgullosa de sentirme representada en esos valores. De ahí que haya asumido ciertos atajos para impedir escaparme de este lugar definitivamente. Siento que ha merecido la alegría quedarse y reivindicar tantos grandes cambios para convertirnos más en empresa que en hogar, aunque esta siempre sea nuestra casa y punto de encuentro. Tal vez sean las formas y no el fondo lo que deba evolucionar.

Por otro lado, el sentirme pura espectadora de tantas vivencias mientras emprendo la jornada con ilusión cada mañana me ha otorgado la posibilidad de reflexionar acerca de diversas situaciones cotidianas. Y supongo que ha sido bastante más fácil seguir este camino identificándome como una persona del mundo a la que le tocó una ferretería por casa. Y no puedo negar que ha contribuido enormemente a quien soy hoy. Cómo ha estado tan presente. Siempre «de fondo», acompañándome en muchas etapas por las que he ido progresando mientras sobrevivía a un nuevo intento por tejer mi propia vida lejos de ella, de verdad. Quizá ese atributo sea lo más extraordinario de las empresas familiares.

Especialmente en los pueblos, donde el cuidado y la vida laboral se estrechan, interaccionan, llegando a generar algún conflicto. Desde la abuela Encarnita.

Aunque tengo que ser honesta conmigo misma también a la hora de reconocer que mis decisiones han sido guiadas por un conjunto de condicionantes ante los que he intentado ser asertiva y resiliente. Y, en otras ocasiones, han contribuido como múltiples motivos de renuncia a otros ámbitos de la vida que me encontré por el camino. Como aquella vez que no pude matricularme en Periodismo por no sacar la nota necesaria en selectividad y tuve que elegir otras opciones compatibles con mi nota. Fue la primera vez que, tras tenerlo bastante claro durante casi toda mi vida, o durante más tiempo del que pensaba, me vi obligada a elegir otra opción distinta a la que deseaba. Maldije la selectividad y me matriculé en Ciencias Políticas y de la Administración en la Universidad Pablo de Olavide.

Recuerdo las veces que llegué a pensar en abandonar mi carrera… Sobre todo por lo duro que fue compaginarla con tantos trabajos precarios y sin poder moverme de la ferre, donde toda ayuda era insuficiente esos primeros años de la etapa de mi madre. Y reconozco que también era una etapa muy importante para mí, que siempre anhelé vivir de forma diferente, pero que pospuse. Por eso al final seguí adelante con todo, pensando que no debía hacer lo contrario. Pues yo también he caído en esa trampa sobre la influencia de hacer una carrera universitaria para optar solo a un buen salario y desarrollar puestos de oficina o catalogados como más dignos que el presente en la ferretería. Sin la incesante necesidad de doblar la espalda. Y, cómo no, porque parece que hay que suponer que tenemos que tener claro, clarísimo, lo que queremos hacer con nuestra vida desde antes de sentirnos preparadas para decidirlo. Como si tuviera que ser inalterable en el tiempo. Sin la garantía de convertirse en una certeza real a corto plazo.

Así que, siendo honesta conmigo misma, incluso mucho tiempo antes de llegar hasta aquí y tomar la decisión más importante de mi vida, reconozco que no había pensado específicamente que mi felicidad podría ser la «ferre». Sí he llegado a conclusiones como que prefiero mi ambiente a cualquier otra cosa, porque realmente una tesis o un trabajo en la Administración, por mucha capacidad que tuviera para ello, realmente no me aportaban.

Por eso no tuve reparos cuando prendí fuego a los apuntes a los que me había dedicado largos meses junto con mi trabajo en la ferretería. Pude oler ya a recuerdos de una etapa que había elegido vivir sabiendo de antemano que no culminaría…

Como digo, en la vida todo nos condiciona, desgraciadamente. Sobre todo, cuando vivimos exigiéndonos ser, o aspirando a ser, lo que se espera de nosotros y no lo que realmente forma parte de nuestros sueños propios. En parte, por esa falsa meritocracia que nos inculcan haciéndonos pensar que todo el mundo puede si quiere; obviando cómo en nuestras metas y procesos de la vida siguen influyendo, más de lo que quisiéramos, atributos que nos diferencian a unas personas y a otras por la clase social, la economía familiar, la desigualdad de oportunidades y hasta lo que tenemos entre las piernas al nacer.

Aun así, lo que más he aprendido en todo este tiempo de incertidumbres y dudas, de puedo y no quiero, ha sido que ningún oficio es más que otro, y no hay mejor título que ser buena persona. Es más, la única certeza es poder «ser más o menos miserable por intentar NO ser feliz», como dijo mi Trujillo...

Y qué suerte la vida, ¿no? Cuando nos concede tener margen de error y decidir de un momento a otro qué rumbo dar a nuestra vida. Constituyéndose al mismo tiempo en un privilegio. Por poder meditar al menos sobre qué quiero ser hoy y a partir de mañana... también.

Así que, con orgullo y completamente segura de lo que siento y quiero hacer en mi vida de hoy en adelante, manifiesto firmemente que continuaré la tradición de FERRETERA *EMPODERÁ* que ya mi abuela Encarna emprendió en 1983.

Quiero seguir junto a lo único que me pertenece, sentimentalmente hablando. Y son esas sensaciones que engrandecen el alma. Como el sentir pleno de una libertad que conquisté para todas. Me apetece seguir encontrándome con el olorcito a naranjo del *Plaíllo* cada mañana cuando abro la persiana de mi ferre, con la suerte de compartir una nueva etapa con compañeros de trabajo, siendo a tiempo completo también mi madre, y a ratos, mi padre, que es una parte importantísima de este trabajo desde el principio. Y, por supuesto, junto a mi clientela, que es parte de mi familia y posibilita nuestro trabajo, animándonos a poner pasión en lo que hacemos, y que nos empuja a diario a desempeñar una labor que nos hace felices. Dándonos el permiso de ser como somos.

Por eso jamás olvidaré la sensación de felicidad que sentí al abrirme camino de una forma más profesional en esta empresa familiar. Ya que, si voy a pasar un tercio de mi vida trabajando, habrá que saber escoger en lo posible dónde y cómo querer hacerlo.

Todo el conjunto de estas experiencias coleccionadas han resultado ejemplares y condicionantes a la par, cumpliendo con un importante cometido al empoderarnos y ayudarnos a cultivar nuestro amor propio, permitiéndome en primera persona expandir mi pluma y despegar mi vuelo por estas páginas en blanco que ya dejan de estarlo.

Para avanzar en este viaje también he tenido que ir dejando a un lado hasta a los más «sabios» consejos. Esos que una va buscando como una aprobación absurda, asumiéndolos sin cuestionarlos porque resultan más válidos y poderosos que nuestros propios deseos. Como aquel día en que confiaba mi idea prematura sobre este libro a alguien referente para mí. Como si de ese modo hubiera podido obtener una aceptación para animarme a comenzar con esta historia real. Y ahora entiendo lo bonito que puede ser exponerse y no caer bien por tener sentido común, criterio propio y ser sincera. Aquella respuesta que buscaba se convirtió en una «recomendación» que consideraba «aventurada» mi propuesta. «Tendrías que sopesar bien lo que aportarían las autobiografías o los ensayos personales», pues no debía olvidar que «solo son de interés cuando eres alguien con cierto prestigio o reconocimiento». En otras palabras, yo no cumplía con los requisitos para ejecutar algo tan arriesgado. Me insistió en valorar cuidadosamente mi posible elección y en repensar bien aquello que le acababa de contar. Ese momento de mi vida me achantó mucho, tanto que su opinión me pareció mucho más poderosa que mi convicción para dar voz a las «historias de una ferretera *empoderá*». Me lamenté durante un tiempo por no sentirme con la valentía para llevarlo a cabo como realmente deseaba. Sin embargo, muy poco después tuve oportunidad de escribir para una revista cultural del pueblo y me descubrió Ediciones Pangea. Al leerme en aquel artículo en *El Soberao* sobre las ferreteras *empoderás,* donde proyecté un resumen de las historias de las mujeres de la familia, surgiría una amable propuesta que me invitaría a ampliar «esa emocionante lectura» en un libro… Este que ahora tienes en tus manos.

Encendí mi ordenador, organicé mis ideas y comencé a fluir este manantial de sensaciones que te describo. No debí dudarlo nunca. Nada está por encima de nuestras prioridades, de nuestros sueños. Y para mí esto es mucho más. Es un compromiso urgente por dar voz a las propias vivencias de las ferreteras de la familia mientras intercambiamos otras reflexiones muy potentes y enriquecedoras con toda nuestra gente que está al otro lado del mostrador.

Todo ello con una implicación profunda por situar mi conocimiento desde un enfoque de género. Pensando por qué no aportar a la sociedad un prisma diferente desde mi análisis y humilde punto de vista. Sin complejos. Y qué más da si soy alguien corriente. No creo que sea necesario tener un gran reconocimiento o prestigio para contar nuestra vida en un libro. Cualquier persona puede ser una protagonista digna de una obra literaria, y sin llegarse a ocultar bajo otro nombre y otra vida que no nos pertenezcan.

Por eso mi libro debía contener las historias de mi patria *plaillera*, mientras se manifestaban los valores de la empresa familiar y crecía en mí la certeza por seguir ejerciendo una profesión por encima del género. Me enorgullece haber rescatado lo que aporta una profesión maravillosa, que se ha desempeñado por mujeres durante más de cuarenta años, en un mundo de hombres.

Este libro ha sido mi gran conquista. La de mí misma. Una reconciliación con el pasado y el logro presente de la libertad, la emancipación y los sueños... Porque esta es la última vez que me niego, me escondo y me engaño. Pues todo esto tenía que decirlo para romper con el silencio, sanar la herida y conocerme. Escribir todo esto me ha ayudado a conocer mucho más mis orígenes; a rescatar de la memoria tantos momentos mencionados, sin que todo el tiempo haya sido un camino de rosas. También me he encontrado con sus espinas. Sin embargo, la ilusión, las ganas y la pasión por continuar avanzando como un gran equipo frente a una gran empresa han contribuido enormemente a muchas de mis decisiones, haciendo hincapié en nuestra misión: empoderarnos de una forma comunitaria, eligiendo solo metas que nos engrandezcan como personas. Dentro y fuera de la ferre.

Sin más, gracias por haber llegado hasta aquí.

AGRADECIMIENTOS

A mi abuela Encarna, por emprender una profesión que, sin elegirla, desarrolló y transmitió con vocación. Por su constancia y valentía.

A mis abuelos y abuelas —de sangre y de corazón—, por sus enseñanzas y experiencias de vida.

A toda mi familia, que siempre confió en mí y respaldó mi sueño de llevar a cabo esta obra, con entusiasmo e ilusión.

A mis padres, por crecer y evolucionar conmigo. Por abrirse camino al feminismo y luchar de mi mano por un mundo más justo, empezando por un espacio laboral que ya es más equitativo. Así como por el logro de una implicación corresponsable en el hogar.

A mi hermana, por enseñarme que todavía podríamos cambiar más el mundo propio y ajeno y por hacerme comprender que la vida siempre puede ser más diversa.

A mis amigas, a todas, sin excepción, porque creyeron en mí antes de que lo hiciera yo misma para que escribiera este libro y continuara con determinación en la empresa familiar. Y muy especialmente a mi mejor amiga, Gemma B. Mención también a mis amigas de toda la vida, como Maru, Bárbara, Nerea, Gemma y Ana. Y a otras que, además, son compañeras y activistas, como Vero y Carmen M. Y, por supuesto, a aquellas que conocí durante mi etapa universitaria y que me aportaron muchísimo: Paloma, Victoria, Rocío, Nieves G., Alba y Carmen B.

A mi Trigui, compañero de trincheras y batallas infinitas, por su lucha constante por un amor compañero y corresponsable.

A mis amigos.

A Román, a quien agradezco su apoyo incondicional y todo el tiempo altruista que me ha entregado.

A mi profesor de teatro, Rafa.

A mis prologuistas, Rosalinda y Tere. No lo dudaron, y con ilusión acogieron la propuesta de ser las primeras en leer este libro y aportar lo que les transmitían estas historias.

A Ediciones Pangea y a Peña, por proponerme desarrollar esta obra y acompañarme desde el primer momento hasta su publicación.

A toda nuestra clientela. A clientes especiales como Antonio —y son varios los que tengo—, por su fidelidad y disposición, actuando en caso de urgencia como compañero de mantenimiento en la ferre o trayendo unos churritos. Siempre está con su coche color butano guardándonos el sitio en la puerta del negocio.

A clientas como Concha, que sigue esperando aún a mi abuela para andar, y que trae mi fruta de media mañana o compra mi pan. Siempre cuidándome y mimándome.

A todas esas personas extraordinarias, únicas y especiales, desde las primeras hasta las últimas, por servirme de ejemplo, de inspiración y de una admiración infinita que me acompañarán eternamente para enfrentar una jornada de trabajo con entusiasmo y felicidad.

Y a ti que estás en el cielo y sé que te alegras de que haya cumplido al fin uno de mis sueños. Tantas veces me animaste a conseguirlo... Mi Javi y el trío de los algodones. Porque lo nuestro va más allá de las estrellas.

ÍNDICE

Esta primera edición de *Historias de una ferretera empoderá*, de Encarni Reyes Moriana, terminó de imprimirse en febrero de 2024.